Rainer Lemaire
Gunther vom Stein
Jessica Wilhelmi

Religionsbuch Oikoumene

Neuausgabe

3. und 4. Schuljahr

Patmos

Inhalt

Chana, Lena und Murat im Religionsunterricht

Ich bin Chana.

Ich bin Jüdin wie meine Eltern und Geschwister. Von meinen Eltern und nachmittags in der Synagoge habe ich schon einiges von der Religion erfahren. Und natürlich in den beiden ersten Jahren im Religionsunterricht.
Jetzt bin ich gespannt, was noch kommt.
Werde ich noch mehr über meine Religion erfahren?
Und wie ist das mit Jesus? Was glauben die Christen anders?

Ich heiße Lena.

Ich bin mit Murat und Chana in einer Klasse.
Wir treffen uns jeden Morgen, um zusammen zur Schule zu gehen.
In den ersten beiden Jahren habe ich schon viel im Religionsunterricht gelernt: Wie Jesus geboren wurde, wie die Menschen damals lebten, dass Jesus geheilt und was er erzählt hat.

Chana – Vergiss nicht die Geschichten, die auch bei uns in der Tora stehen: Die Erzählungen von Abraham und Sara, von Josef. Und die Psalmworte, die wir gelernt haben!

Lena – Ich möchte noch mehr über Jesus hören. Zu meinem letzten Geburtstag habe ich ein Buch bekommen. Es heißt „Die Schöpfung". Seitdem überlege ich: Wo komme ich eigentlich her? Wie ist die Welt entstanden?

Ich bin Murat.

Ihr habt so viel vom Religionsunterricht erzählt.
Deshalb habe ich meine Eltern gefragt, ob ich nicht auch an diesem Unterricht teilnehmen darf.
Und sie haben es erlaubt.
Jetzt bin ich schon ganz neugierig.
Was du gesagt hast, Lena, interessiert mich auch.
Und über Jesus möchte ich auch noch mehr erfahren.
Er ist ja für uns ein Prophet.

Vielleicht könnt ihr auch noch etwas von mir lernen!?

Was heißt Oikoumene?

Die sechs Blinden und der Elefant

Da ist der Elefant. - Da sind sechs Blinde.
Still steht er da, der Elefant.
Und die sechs Blinden nähern sich, vorsichtigen Schrittes.
Sie wollen ihn kennenlernen, den Elefanten.
Ganz ruhig steht er da.
Und die Blinden beginnen, ihn zu befühlen.
Jeder an einer anderen Stelle. Ja, einer steigt sogar auf seinen Rücken.
Und danach kommen sie zusammen.
Sie sitzen im Kreis. Sie erzählen.
Jeder denkt, ich kenne ihn jetzt, den Elefanten.
„Wie ein großer Korb sieht er aus", sagt der Erste.
Er hat den Bauch betastet.
„Er ist wie eine große Säule", sagt der Zweite. Er hat ein Bein betastet.
„Er ist wie ein Teppich", sagt der Dritte. Er hat das Ohr gegriffen
„Er ist wie ein dicker Strick", sagt der Vierte. Er berührte den Schwanz.
„Er ist wie eine große Röhre", sagt der Fünfte. Er tastete den Rüssel ab.
Und der Sechste, der auf seinem Rücken saß, meint:
„Er ist wie ein riesiger Berg."
So hat jeder den Elefanten anders erfahren.
Und jeder denkt, er kennt ihn ganz.
Dabei kennt er nur einen Teil von ihm.
Und doch ist er da, der ganze Elefant.

So ist es mit den Religionen und mit Gott.
Jede Religion kennt nur einen Teil von ihm.
Jede kennt etwas anderes.
Und doch ist er da, der eine Gott. -
Für alle.
Alles umfasst er, die Menschen, die Welt.
Es ist derselbe Gott für alle.

***Oikoumene** ist ein griechisches Wort.*
Es bedeutet: der ganze bewohnte Erdkreis, alle Menschen auf der einen Erde.
Alle Menschen, die getrennt sind durch Hautfarbe, Herkunft und Religion, müssen lernen, friedlich im Haus der Welt zusammen zu leben.

Gott ist für alle da.

Alle Religionen haben einen Gott.

Für die evangelischen und katholischen Christen gibt es noch weitere wichtige Gemeinsamkeiten, die sie von den anderen Religionen unterscheiden.

Lena erzählt Chana und Murat davon:

> Die Taufe ist ein ganz besonderes Fest für uns Christen. Mit der Taufe wird das Kind in die Gemeinschaft der Christen aufgenommen. Sie ist ein Zeichen dafür, dass man zu Gott, zu Jesus und zur Gemeinde gehört. Die Taufe wird oft mit Verwandten und Freunden gefeiert.

Murat erzählt etwas anderes:

> So eine Feier gibt es bei uns nicht. Aber bei der Geburt wird dem Kind der Gebetsruf ins rechte Ohr geflüstert. Und in das linke Ohr wird das Glaubensbekenntnis geflüstert: „Ich bezeuge, es gibt keinen Gott außer Gott, und Muhammad ist der Gesandte Gottes."

Und Chana?

> Ich bekomme erst noch ein Fest.
> Wenn ich zwölf Jahre alt werde, werde ich eine Bat Mizwa. Bat Mizwa heißt: Tochter des Gebots. Ich darf dann in der Gemeinde aus der Torarolle vorlesen.

Jesus

Jesus lebt und verkündet das Reich Gottes

Die Evangelisten schreiben von Jesus

Von Jesus gibt es kein einziges geschriebenes Wort. Auch von seinen Jüngerinnen und Jüngern nicht. Sie verbreiteten, was sie mit Jesus erlebt hatten, und erzählten von seinem Leben, seinem Tod und seiner Auferstehung. Und viele erzählten die Geschichten weiter. Immer wurden die Geschichten ein wenig anders erzählt.
Viele Menschen fragten: „Wer war denn Jesus? Wie hat er gelebt? Was hat er getan? Was hat er gesagt?" So wurde das, was von Jesus erzählt wurde, immer mehr: Predigten, Worte, Geschichten.
Und schließlich gab es Menschen, die das alles sammelten. Alles, was sie von Jesus hörten und wussten und was vereinzelt auch schon aufgeschrieben war, stellten sie zusammen zu einem Buch über Jesus, zu einem Evangelium, zu der guten Nachricht, der frohen Botschaft von Jesus Christus, dem Sohn Gottes. Sie stellten es in unterschiedlicher Auswahl und Reihenfolge zusammen und fügten verschiedene Ergänzungen hinzu.

Vier dieser Evangelien stehen im Neuen Testament. Sie sind keine genauen Berichte von Jesu Leben. Sie wurden geschrieben, um zu verkündigen, um dem Glauben an Jesus zu dienen. Die Schreiber der **vier Evangelien** im Neuen Testament sind **Markus**, **Matthäus**, **Lukas** und **Johanne**s. Sie sind keine Augenzeugen und schreiben in griechischer Sprache; Jesus selbst hatte Aramäisch gesprochen. Alle vier schreiben von Jesu Tod und Auferstehung. Das war jedem das Wichtigste.

Markus war der erste, der die Geschichten und Predigten von Jesus als Evangelium aufschrieb.

Für Markus ist Jesus der, der den Menschen Gott nahe bringt und der einen schweren Leidens- und Todesweg gehen muss.

Nach Markus stellten **Matthäus** und **Lukas** ihr Buch zusammen.

Für Matthäus ist mit Jesus in Erfüllung gegangen, was in der Hebräischen Bibel der Juden schon verheißen und angekündigt war. Jesus lehrt sein Volk, wie es Gottes Gesetz richtig verstehen und leben soll.

Lukas erzählt schon in der Geburtsgeschichte, dass Jesus der Heiland der Welt ist, dass er zugleich der Retter der Armen und Ausgestoßenen ist.

Und noch einmal etwa 20 Jahre später schrieb **Johannes** die Geschichten auf. Ihm war wichtig, dass Jesus für die Menschen das Licht ist. Jesus ist für ihn der Weg, der die Liebe Gottes zu den verlorenen Menschen bringt.

Die drei ersten Evangelien sind von Markus, Matthäus und Lukas geschrieben. Sie haben mehr Ähnlichkeiten untereinander als mit dem Evangelium des Johannes.

Jesus aus Nazaret

Ein Dorf in Palästina heute

Die Evangelisten wussten nichts von Jesu Kindheit.
Aber aus anderen Büchern und aus Ausgrabungen wissen wir, wie die jüdischen Kinder damals - und so auch Jesus - gelebt haben.

Jesus wächst in Nazaret auf. Der Ort liegt auf einer Anhöhe im Bergland von Galiläa. Man schaut weit hinaus in die Ebene Jesreel.

Um Nazaret herum gibt es gute Weiden für Ziegen und Schafe, gute Böden für Weizen und Gerste, schöne Bäume, Weinberge. Bis zum See Gennesaret sind es einige Wegstunden.

Josef, der Vater von Jesus, ist Bauhandwerker. Er arbeitet mit Stein, Ziegeln und Holz. Sein Bauholz schlägt er in den Wäldern ringsum. Dann sägt er es in seiner Werkstatt zu Balken und Brettern zurecht. Als Jesus größer ist, hilft er ihm dabei. Für Juden ist es selbstverständlich, dass ein Sohn bei seinem Vater in die Lehre geht und denselben Beruf lernt.

Neben den Handwerkern gibt es in Nazaret Hirten. Sie treiben Schafe und Ziegen über die Berghänge. Manchmal verläuft sich ein Tier. Dann muss der Hirte es lange suchen.

Und es gibt die Bauern. Das Pflügen mit dem Holzpflug, vorgespannt ein Esel oder Ochse, beginnt, sobald der Herbstregen den Boden aufgeweicht hat. Jedes Feld wird mindestens einmal längs und einmal quer gepflügt. Das Getreide wird mit der Hand ausgesät und die Saat danach durch Unterpflügen mit Erde bedeckt. Ist das Getreide reif, wird es mit der Sichel geschnitten. Sobald die Garben trocken sind, bringt man sie zum Dreschplatz, der Tenne. Ausgedroschen wird mit einem Dreschflegel oder mit dem Dreschschlitten, einer schweren, von Tieren gezogenen Holzplatte mit Spitzen an der Unterseite. Dann wirft man das Getreide mit Dreschgabeln in die Luft. Der Wind verweht die Spreu. Die Körner sammelt man ein.

Nazaret, das sind kleine und größere Flachdachhäuser, aus Lehmziegeln oder Bruchsteinen errichtet, geschart um einen Dorfbrunnen in der Mitte. Nazaret hat eine gute Wasserquelle. Die Häuser haben kleine Fenster und schmale Türen, um die große Sommerhitze abzuhalten. Bei einstöckigen Häusern gibt es drinnen meist nur zwei Räume, einen etwas tiefer gelegenen für die Tiere - Schafe, Ziegen, Hühner -, einen etwas höheren für die Menschen zum Essen und Schlafen.

Jesus wächst in Nazaret auf

Mit fünf Jahren geht Jesus in die Schule. Das ist einmalig in seiner Zeit: In Israel gibt es schon Dorfschulen für jedermann, nirgendwo sonst auf der Welt. Die Pharisäer, die gottesfürchtigen und gelehrten Männer des Volkes, haben diese Schulen eingerichtet. Die Kinder sollen so früh wie möglich die Hebräische Bibel lesen und verstehen lernen. Schule wird in einem Raum neben der Synagoge oder auch draußen im Synagogenhof abgehalten. Mit den anderen Jungen von Nazaret lernt Jesus bei dem Rabbi, dem Lehrer, der die Hebräische Bibel gut studiert hat.

Zu Hause spricht Jesus Aramäisch. Beim Rabbi lernt er Hebräisch, die alte Sprache seines Volkes. Zuerst lernt er das hebräische Alphabet, die schwierigen Buchstaben. Der Rabbi spricht vor, die Kinder sprechen den Buchstaben nach. Dann schreibt der Rabbi den Buchstaben mit einem Stift auf ein Wachstäfelchen. Die Kinder schreiben ihn auf ihrem kleinen Wachstäfelchen nach. Nach den Buchstaben kommen die Wörter. Dann ganze Sätze. Später dürfen sie aus der heiligen Buchrolle, der Tora, lesen, von rechts nach links.

Jesus lernt aus der Torarolle, wie Gottes Weg war mit Abraham, Isaak, Jakob, Josef und Mose. Er lernt die vielen Weisungen für das Volk Israel, das Gesetz, nach dem ein Jude sein Leben auszurichten hat.

Er lernt, indem er mit den anderen Jungen im Chor nachspricht, was der Rabbi vorspricht. So prägt er es sich ein.

Jesus lernt, was man am Schabbat, dem wöchentlichen Feiertag der Juden (unserem Samstag), nicht tun darf.

Der Schabbat ist der Tag der Schöpfungsruhe Gottes. Jesus lernt, was als unrein gilt.

Vor allem lernt er das höchste Gebot der Juden: „Du sollst Gott, deinen Herrn, lieb haben, von ganzem Herzen, von ganzer Seele und mit all deinen Kräften. Und deinen Mitmenschen, deinen Nächsten, sollst du lieb haben wie dich selbst."

Jesus lernt das „Sch'ma Israel", das „Höre Israel, der Herr, unser Gott, ist einer. Er allein ist Gott, sonst keiner." In hebräischer Schrift sieht dieses Bekenntnis der Juden so aus:

שְׁמַע יִשְׂרָאֵל יְהוָה אֱלֹהֵינוּ יְהוָה ׀ אֶחָד׃

Der See Gennesaret

Jesus lebt wie andere junge Männer in seiner Zeit. Er hat Freude an Musik und Tanz, auch an gutem Essen und Trinken. Gewiss hat er Freunde im Dorf. Aber er ist auch anders. Er ist ein kluger und aufmerksamer Mensch, der sehr genau wahrnimmt, was um ihn her geschieht – in der Natur, bei der Arbeit der Bauern. Er beobachtet Saat, Wachstum und Ernte. Er ist ein kluger und aufmerksamer Mensch, der gut zuhören kann, der mehr sieht als andere. Viel hat er schon gelernt beim Rabbi, zu Hause, in den Synagogengottesdiensten. Und ganz gewiss hat er die Schriftrollen der Hebräischen Bibel sorgfältig gelesen und immer wieder über alles nachgedacht.

Er hat entdeckt, dass nicht, wie viele seiner Zeitgenossen meinen, die Vorschriften, die genaue Befolgung der vielen einzelnen Gebote, das Wichtigste sind. Das Wichtigste ist die Begegnung mit Gott. Jesus spürt die Gegenwart Gottes. Er ist ihm ganz nah. Und er weiß: Gott ist ein Gott der allumfassenden Liebe, er ist gerecht und barmherzig, er ist bereit jedem zu vergeben, der reumütig zu ihm kommt.

Nicht alle denken so wie Jesus: Da sind manche unter den **Pharisäern**. Viele von ihnen arbeiten als Handwerker. Sie leben das Gesetz, die Tora, im Alltag. Sie wollen alle Vorschriften genau beachten. Wegen ihrer Gesetzeskenntnis werden sie im **Hohen Rat** in Jerusalem, der obersten jüdischen Behörde, oft gehört. Beim Volk sind sie beliebt.

Und dann gibt es die **Schriftgelehrten**. Sie haben bei einem Lehrer die Auslegung der Schriften gelernt. Sie dürfen sich „Lehrer", „Rabbi", nennen. Sie tragen immer Schreibtafel und Schreibgerät mit sich und können so vielen Leuten bei Schriftsachen helfen. Oft ist ein Schriftgelehrter auch ein Pharisäer – und umgekehrt.

Gleichnisse: Vom Senf und vom Sauerteig

Wenn Jesus auftritt, erzählt er von der Liebe Gottes.
Und er erzählt davon, wie die neue Welt Gottes aussieht.
Dazu hat er Vergleichsgeschichten erzählt: **Gleichnisse.**

Lukas hat diese Geschichten aufgeschrieben:

„Jesus sprach:

**Wem gleicht das Reich Gottes, und womit soll ich's vergleichen?
Es gleicht einem Senfkorn, das ein Mensch nahm und in seinen Garten säte;
und es wuchs und wurde ein Baum, und die Vögel des Himmels wohnten in seinen Zweigen."**

Lukas 13, 18-19

Wie wird das Reich Gottes aussehen? Der Maler Edward Hicks hat es sich so vorgestellt.

Ein anderes Gleichnis:

Jesus sprach:

„Womit soll ich das Reich Gottes vergleichen? Es gleicht einem Sauerteig, den eine Frau nahm und unter einen halben Zentner Mehl mengte, bis es ganz durchsäuert war." *Lukas 13, 20-21*

Text und Melodie: Ernst Hansen

2. Das Senfkorn –
das Senfkorn ist klein,
ist das kleinste
unter den Körnern.
Der Baum bringt Zweige,
Zweige hervor.
Das Senfkorn wächst.

3. Das Senfkorn –
das Senfkorn ist klein,
ist das kleinste
unter den Körnern.
Und Vögel wohnen,
wohnen im Baum.
Das Senfkorn wächst.

Das Reich Gottes: Blinde werden sehend

Jesus und seine Jüngerinnen und Jünger kamen an einem Mann vorbei, der seit seiner Geburt blind war.

„Rabbi, warum ist dieser Mann blind? Hat er gesündigt?
Oder seine Eltern?"
Jesus antwortete: „Seine Blindheit hat weder mit den Sünden seiner Eltern noch mit seinen Sünden zu tun.
Ich sage euch:
Er ist blind, damit Gottes Reich an ihm sichtbar wird."
Als Jesus das gesagt hatte, spuckte er auf die Erde und rührte einen Brei an. Dann strich er den Brei auf die Augen des Blinden.
Und Jesus sagte zu dem Blinden:
„Geh zum Teich Siloah und wasche dich!"
Da ging der Blinde zum Teich, wusch sich
und kam sehend zurück.

Nach Johannes 9, 1-7

Der Künstler Walter Habdank hat eine Geschichte einer Blindenheilung in einem Holzschnitt dargestellt.

- >> Stellt das Bild in einem Standbild nach. Was fühlen die Personen? Was könnten sie sagen?
- >> Das Bild ist eine Szene aus der Geschichte. Wie könnte die darauf folgende Szene aussehen?
- >> Ihr könnt ein weiteres Standbild stellen. Achtet darauf, dass dieselben Personen wieder vorkommen. Was hat sich geändert?
- >> Stellt eine Collage zu dem Thema „Licht und Dunkelheiten in unserer Welt" her. Sammelt dazu Fotos und malt Bilder.
- >> Überlegt, was diese Geschichte von der Blindenheilung mit dem Reich Gottes zu tun hat.
- >> Wie erklären die Geschichten auf den folgenden Seiten das Reich Gottes?

Das Reich Gottes: Hungernde werden satt

Einmal wollte Jesus mit seinen Jüngerinnen und Jüngern allein sein.
Sie stiegen in ein Boot und wollten über den See in eine einsame Gegend fahren.
Aber die Menschen hatten sie gesehen und liefen zu Fuß dorthin.
Und als Jesus und seine Jüngerinnen und Jünger ankamen, hatten sich schon viele versammelt: Hunderte, vielleicht sogar Tausende.
Als Jesus die Menschenmenge sah, hatte er Mitleid mit ihnen. Sie waren doch gekommen, um ihn zu sehen und zu hören.
Und so erzählte er ihnen Geschichten, Geschichten von der Liebe Gottes.
Bis zum Abend blieben die Menschen bei Jesus.
Da kamen die Jünger: „Schick die Menschen nach Hause, damit sie sich unterwegs noch Brot kaufen können."
Aber Jesus sagte: „Gebt ihr ihnen doch zu essen."
„Sollen wir für zweihundert Silbergroschen Brot kaufen?"
Jesus aber antwortete: „Wie viel Brot habt ihr? Seht nach!"
Die Jünger fanden fünf Brote und zwei Fische.
Da befahl Jesus, dass sich die Menschen in Gruppen setzen sollten, immer zu fünfzig oder zu hundert zusammen.
Dann nahm er die Brote und die Fische, schaute auf zum Himmel, dankte Gott, brach die Brote und gab sie den Jüngern.
Die teilten das Brot und die Fische aus.
Und alle aßen und alle wurden satt.
Danach sammelten die Jünger die Reste wieder ein: Zwölf Körbe voll.
Über fünftausend Menschen wurden satt. *Nach Johannes 6, 1-13*

Himmel und Hölle Ein Mann träumte: Er kam zu einem Rabbi und wollte wissen: „Wie sieht eigentlich die Hölle aus?"
Da führte der Rabbi den Mann in einen großen Raum. Dort stand ein langer Tisch, an dem Menschen saßen. Auf dem Tisch standen dampfende Suppenkessel, aus denen die Menschen zu essen versuchten. Aber die Menschen hatten meterlange Löffel und waren nicht in der Lage, diese zum Mund zu führen. So verschütteten sie die Suppe und stießen die Schüsseln um.

„Genug!", schrie der Mann, „das halte ich nicht aus. Kannst du mir nicht den Himmel zeigen?"
Da führte der Rabbi den Mann in den Himmel. Auch hier stand ein langer Tisch in einem großen Raum. Auch hier standen Suppenkessel auf dem Tisch und die Menschen hatten meterlange Löffel.
Aber statt zu versuchen, mit diesen Löffeln selbst zu essen, gaben sie sich gegenseitig zu essen.
So wurde nichts verschüttet und alle wurden satt.

Text: Thomas Laubach
Melodie: Christoph Lehmann

2. Wo Menschen
sich verschenken,
die Liebe bedenken,
und neu beginnen,
ganz neu, da berühren sich
Himmel und Erde ...

3. Wo Menschen
sich verbünden,
den Hass überwinden,
und neu beginnen,
ganz neu, da berühren sich
Himmel und Erde ...

Das Reich Gottes: Schuldigen wird vergeben

Die Schriftgelehrten und Pharisäer brachten eine Frau zu Jesus, die beim Ehebruch ergriffen worden war.
Sie sprachen zu Jesus: „Meister, diese Frau ist auf frischer Tat beim Ehebruch ergriffen worden. Mose aber hat uns im Gesetz geboten, solche Frauen zu steinigen. Was sagst du?"
Das sagten sie aber, ihn zu versuchen, damit sie ihn verklagen könnten.
Aber Jesus bückte sich und schrieb mit dem Finger auf die Erde.
Als sie nun fortfuhren, ihn zu fragen, richtete er sich auf und sprach zu ihnen: „Wer unter euch ohne Sünde ist, der werfe den ersten Stein auf sie."
Und er bückte sich wieder und schrieb auf die Erde.
Als sie aber das hörten, gingen sie weg, einer nach dem andern.
Jesus blieb allein mit der Frau, die in der Mitte stand.
Er fragte sie: „Wo sind sie, Frau? Hat dich niemand verurteilt?"
Sie antwortete: „Niemand, Herr."
Und Jesus sprach: „So verurteile ich dich auch nicht; geh hin und sündige nicht mehr."

Nach Johannes 8, 3-11

Die Künstler Schnorr von Carolsfeld und Max Beckmann
haben sehr unterschiedliche Bilder zu dieser Geschichte gemalt.

Vergleicht sie.
- Wie sieht Jesus aus? Was tut er?
- Wie sehen die Umstehenden aus? Was tun sie?
  Achtet auf den Gesichtsausdruck, die Körperhaltung und die Handbewegungen.

So wird das Reich Gottes sein

>> Schreibe eigene Sätze über ein gutes Zusammenleben, wie es Jesus erzählt und vorgelebt hat. Die Bilder und Bibelstellen helfen dir dabei.

Beispiel **Bibelstelle:** Ich war hungrig und ihr habt mir zu essen gegeben.
Dein Satz: Die Hungrigen werden satt.

Ich war krank und ihr habt mich besucht.

Matthäus 25,36

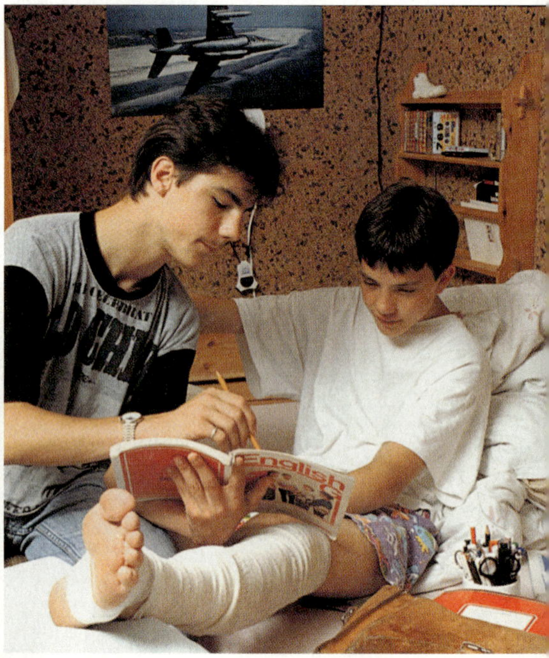

Gott wird alle Tränen von ihren Augen abwischen.

Offenbarung 21,4

Trauernde werden getröstet!

Matthäus 5,4

Gebt, so wird euch gegeben.

Lukas 6,38

Friedensstifter werden Kinder Gottes genannt.

Matthäus 5,9

ICH WAR HUNGRIG UND IHR HABT MIR ZU ESSEN GEGEBEN. Matthäus 25,35

Ich war fremd
und ohne Wohnung,
und ihr habt mich
aufgenommen.

Matthäus 25,35

Liebt eure Feinde
und bittet für die,
die euch verfolgen.

Matthäus 5,44

ALLES, WAS IHR VON
ANDEREN ERWARTET,
DAS TUT AUCH IHNEN!

Matthäus 7,12

... geh zuerst hin und vertrage dich mit deinem Bruder ...

Matthäus 5,24

Wann kommt das Reich Gottes?

>> Schreibe Sätze zu den Bildern:
Das Reich Gottes ist da, wenn ...

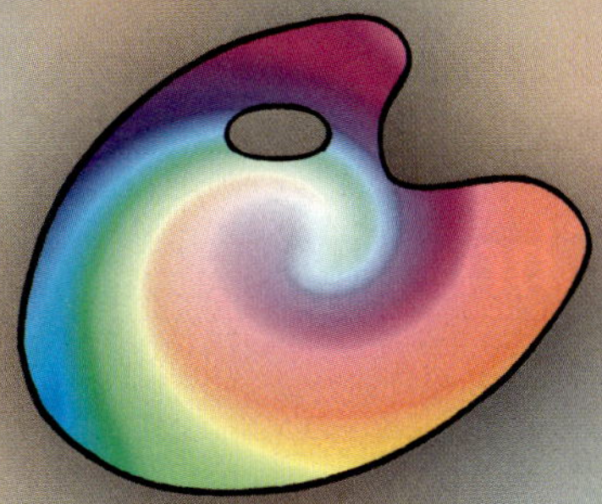

Was soll ich mir wünschen?

Was soll ich mir wünschen, lieber Gott?
Ich habe alles,
was ich brauche.
Nur eins wünsche ich mir –
doch nicht für mich allein,
für viele Mütter, Kinder, Väter,
nicht nur in diesem Land,
auch in fremden und feindlichen Ländern.
Ich will mir Frieden wünschen.
Ja, um Frieden bitte ich.
Und einem kleinen Mädchen
schlägst du sicher keine Bitte ab.
Du hast das Land des Friedens erschaffen,
in dem die Stadt des Friedens steht,
in der das Haus des Friedens war,
aber niemals, niemals Frieden …
Was soll ich mir wünschen, lieber Gott,
da ich doch alles habe?
Ich wünsche nur Frieden,
nur Frieden …

Schlomith Grossberg, 13, Jerusalem

Farben

Mein Farbenkasten war gefüllt,
glänzend, leuchtend, mild;
mein Farbenkasten war gefüllt,
mit vielen Farben, sanft und wild.

Ich hatte kein Rot
für das Blut von Verletzten,
kein Schwarz
für das Leid von Verwaisten, Gehetzten,
kein Weiß
für Gesichter von Toten, Entsetzten,
kein Gelb
für den Sand, den die Kugeln zerfetzten.

Ich hatte Orange
für Freudengetümmel,
ich hatte nur Grün
für den blühenden Baum,
ich hatte mein Blau
für unendliche Himmel,
ich hatte nur Rosa
für Ruhe und Traum.

Ich saß
und malte
Frieden.

Talli Schurk, 13, Be' er Schewa

>> Du hast Bilder, Geschichten und Lieder kennengelernt, die vom Reich Gottes erzählen.

>> Du kannst jetzt auch eine Geschichte oder ein Gedicht schreiben, das vom Reich Gottes handelt.

>> Oder male ein Bild: So ist das Reich Gottes.

In unterschiedlichen Zeiten haben Maler diesen Christus Jesus gemalt.
Dabei haben sie das herausgestellt, was für sie an ihm wichtig war.

Jesus Christus – wer ist das?

Jesus war ein in Israel gebräuchlicher Name. Oft wurden zum Namen der Herkunftsort genannt. Deshalb spricht man auch von Jesus von Nazaret.
Das Wort **Christus** ist kein Name, sondern ein Titel. Es ist griechisch und bedeutet: **der Gesalbte**, im Hebräischen heißt das Wort: **Messias**. In Israel wurden die Könige gesalbt. Zur Zeit Jesu wartete das Volk Israel sehnsüchtig auf den Messias, der das Volk wieder aufrichten, ihm Freiheit und Frieden bringen sollte.

Jesus erhielt den Titel Christus/Messias erst nach seinem Tod.
Die nächsten Seiten helfen zu verstehen, wie es dazu gekommen ist.

Maria aus Magdala erzählt

Es ist Freitagmorgen. Sie haben Jesus verhaftet. Wie geht es weiter? Was jetzt? Doch ich fange am besten von vorne an:

Ich heiße Maria aus Magdala. Vor über zwei Jahren habe ich mich Jesus und seinen anderen Jüngern und Jüngerinnen angeschlossen. Damals bin ich mitgezogen, weil ich Jesus viel zu verdanken hatte.

Wie mein Name sagt, wohnte ich in Magdala, einer kleinen Stadt am See Gennesaret. Ich lebte in einer großen Familie und es ging uns gut. Aber dann wurde ich krank, ganz allmählich. Nichts interessierte mich mehr. Ich arbeitete nicht mehr, ich war nicht mehr mit meinen Freundinnen und Freunden zusammen.

Es war mir, als wäre alles dunkel um mich. Ich sah nur noch schwarz. Und dann kam eines Tages Jesus von Nazaret. Er erkannte, wie es um mich stand, und heilte mich. Wie er das geschafft hat, kann ich nicht erklären, aber ich bin jetzt wieder gesund. Das Schwarze ist hell geworden. Ich sehe wieder Licht. Ich sehe wieder das Schöne in meinem Leben.

Danach zogen wir kreuz und quer durch Galiläa. Oft waren wir auch am See Gennesaret. In Kafarnaum haben wir uns am liebsten aufgehalten. Überall erzählte Jesus den Menschen von der Liebe Gottes. Er hatte immer Zeit für alle, auch für die Frauen und Kinder. Er gab ihnen Rat, half ihnen, er heilte sie. Überall liefen die Menschen zusammen, wenn er auftauchte.

>> Das Leben der Maria aus Magdala – den einzelnen Stationen lassen sich **Psalmworte** zuordnen:

Ich bin wie ein zerbrochenes Gefäß. *Psalm 31,13*

Du hörst mein Weinen. *Psalm 6,9*

Zieh mich aus dem Schlamm,
lass mich nicht versinken. *Psalm 69,15a*

Aber nicht bei allen ist Jesus beliebt. So bei manchen Pharisäern. Diese Männer, die sich sehr gut in der Tora, den fünf Büchern Mose, auskennen, beachten die Gesetze und die Anweisungen ganz genau. Sie glauben, wenn alle Juden den Weisungen Gottes so folgen, kommt das Reich Gottes. Einige Pharisäer beobachteten Jesus, sie schauten darauf, was er tat und was er sagte. Sie achteten darauf, ob er nicht die religiösen Gesetze brach und nichts Falsches über Gott erzählte.

Mit ihnen hat sich Jesus auseinandergesetzt. Er hat mit ihnen diskutiert, wie die Gesetze ausgelegt werden sollen.

Einige Pharisäer gehören zum Hohen Rat. Die wichtigste Gruppe dort sind aber die Sadduzäer. Zu ihnen zählen die obersten Priester und die reichsten und mächtigsten Leute unter uns. Sie arbeiten mit den Römern zusammen. Das Volk hasst sie deswegen. Jesus hat unter ihnen keine Freunde.

Und dann sind da noch die Römer. Diese Weltmacht hat auch unser Land besetzt. Der römische Kaiser hat seinen Statthalter Pilatus eingesetzt.

Er sorgt mit Hilfe der Zöllner dafür, dass genügend Steuern eingehen. Und er ist dafür verantwortlich, dass Ruhe und Ordnung im Land herrschen. Pilatus und den Sadduzäern ist Jesus ein Dorn im Auge, weil sie seinen Reden über Frieden und Gerechtigkeit nicht trauen und er im Volk viele Anhänger hat.

Jesus zieht in Jerusalem ein

Giotto, Einzug Jesu in Jerusalem, 1302-1305

Gewaltige Stiere haben mich umgeben.
Ihre Rachen sperren sie gegen mich auf. *Psalm 22,13-14*

Vor ein paar Wochen machten wir uns auf den Weg nach Jerusalem. Wir wollten hier das Pessachfest mit vielen anderen Juden feiern. An Pessach erinnern wir uns an die Befreiung aus Ägypten. Das Fest findet im Frühjahr statt und dauert acht Tage. Das Pessachfest in Jerusalem erleben, da, wo der Tempel steht – das ist ein besonderes Erlebnis.

Als wir noch vor der Stadtmauer Jerusalems waren, schickte Jesus zwei Jünger in ein Dorf: Er sagte: „Geht hin in das Dorf, das vor euch liegt. Und sobald ihr hineinkommt, werdet ihr ein Füllen angebunden finden, auf dem noch nie ein Mensch gesessen hat; bindet es los und führt es her!" Als die beiden mit dem jungen Esel kamen, legten wir Kleider auf seinen Rücken und Jesus setzte sich darauf.

So zogen wir nach Jerusalem. Uns kamen die Menschen schon entgegen. Sie lachten und freuten sich. Sie jubelten und sangen. Sie brachen Palmzweige von den Bäumen, schwenkten sie und riefen:

„Hosianna! Hosianna! Gegrüßest seist du, Jesus! Gelobt sei, der da kommt im Namen des Herrn!"
Und dann legten die Menschen sogar ihre Kleider auf die Erde. Wie bei einem König!

Nachdem Jesus mit seinen Freunden das Pessachmahl eingenommen hatte, ging er mit ihnen in einen kleinen Park, den Garten Getsemani, um dort zu übernachten. Ich folgte ihnen von ferne. Jesus zog sich zurück, um zu beten. Da hörte ich auf einmal Geräusche von Lanzen und Schwertern, Rufen von Männerstimmen. Die Männer umringten Jesus: „Bist du Jesus von Nazaret?" „Ja", antwortete er. Da nahmen sie ihn fest und führten ihn ab. Alle seine Freunde flohen und ich lief auch davon.

Jesus wird gekreuzigt

Jetzt ist Freitagmorgen. Diese Nacht habe ich so gut wie nicht geschlafen. Was ist wohl mit Jesus? Was haben sie mit ihm vor?

Ich gehe durch die Gassen von Jerusalem und höre, wie die Menschen sich über Jesus unterhalten:

Der römische Statthalter Pilatus hat Jesus zum Tod verurteilt. Er soll wie ein Schwerverbrecher gekreuzigt werden. Er ist verspottet worden und alle haben ihn ausgelacht, als sie ihm eine Dornenkrone aufgesetzt haben.

Zu Tode erschrocken gehe ich weiter. Ob ich Jesus noch einmal sehe?

Menschen drängen sich auf dem Weg zum Hinrichtungsplatz zusammen. Dieser Platz, Golgota, liegt etwas außerhalb der Stadt. Und dann sehe ich ihn – wie er aussieht: Er ist voller Wunden und Blut, schwer hat er an dem Querbalken des Kreuzes zu tragen, er bricht unter der Last zusammen! Die Soldaten zerren einen Mann aus der Menge, es ist Simon von Kyrene. Der muss jetzt den schweren Balken tragen.

Auf dem Hinrichtungsplatz schlagen die Soldaten Jesus an den Querbalken. Über seinem Kopf ist ein Schild befestigt: INRI – die Abkürzung für IESUS – NAZARENUS – REX – IUDAEORUM. Das sind die römischen Wörter für: Jesus von Nazaret, König der Juden.

Pilatus hat Jesus also für einen Aufrührer gehalten, der die Römer aus dem Land vertreiben wollte. Deshalb hat er ihn wie einen Schwerverbrecher hinrichten lassen.

Jetzt können wir nur noch hoffen, dass Jesus nicht so lange leiden muss. Wie qualvoll sind die Stunden bis zum Tod! Endlich – nach sechs Stunden schreit Jesus noch einmal auf: „Mein Gott, mein Gott, warum hast du mich verlassen!" Dann stirbt er.

Noch am gleichen Abend wird Jesus beerdigt.

Giotto, Die Kreuzigung, 1302-1305

Ich stehe vor dem Abgrund. *Psalm 88,4*

Ich rufe den ganzen Tag, doch du gibst keine Antwort. *Psalm 22,3*

Jesus ist auferstanden

Ganz aufgeregt bin ich noch. Was ich heute morgen erlebt habe! Die anderen Jüngerinnen und Jünger wollten mir gar nicht so recht glauben. Ich kann es ja selbst noch gar nicht fassen. Ich glaube, ich habe Jesus gesehen!

Heute morgen wollte ich zum Grab von Jesus. Und als ich dort angekommen war, sah ich, dass der Rollstein zur Seite gerollt war. War Jesus gestohlen worden? Wer sollte so etwas tun? Als ich das den anderen erzählte, gingen Petrus und ein anderer Jünger mit.

Auch sie fanden keine Erklärung und kehrten verstört zu den anderen zurück. Ich konnte nichts mehr verstehen: Zuerst wurde Jesus gekreuzigt und nun wurde noch sein Leichnam gestohlen!

Hemmungslos begann ich zu weinen. Ich fühlte mich so allein: Jesus tot, die Jünger wieder bei den anderen! Und als ich in das Grab schaute, sah ich zwei Gestalten in weißen Gewändern. Sie fragten mich: „Warum weinst du?"

„Sie haben Jesus gestohlen. Jetzt weiß ich noch nicht einmal, wo sein Leichnam ist, wo ich ihn betrauern kann!"

Als ich mich umdrehte, war ich wie von der Sonne geblendet, ich sah in ein helles Licht. Und ich sah einen Mann. Der Gärtner? Ob er was wusste?

„Hast du Jesus weggetragen?"

Der Mann sprach mich an: „Maria!" Maria – so hatte nur einer meinen Namen ausgesprochen: Es ist Jesus! Da habe ich Jesus gesehen! Ich sprang auf und wollte ihn umarmen. Doch er sagte: „Rühre mich nicht an. Erzähle das, was du erlebt hast, den anderen."

Und das habe ich dann auch getan. Aber wer wollte mir schon so etwas Wunderbares glauben?

Giotto, Ostermorgen, 1302-1305

Du hast meine Klage verwandelt in einen Reigen. *Psalm 30,12*

Du zogst mich heraus aus dem Dreck und Schlamm.
Du stellst meine Füße auf festen Boden
und machst meine Schritte sicher. *Psalm 40,3*

Der Christus Jesus lässt sich sehen

Rom im Jahre 61 nach Christus: Vor dem kaiserlichen Gericht steht ein kleiner, abgemagerter Mann. Er steht sehr aufrecht, seine Augen leuchten.

Bevor die Verhandlung beginnt, befiehlt der Richter: „Wenn wir über dich ein Urteil fällen wollen, müssen wir wissen, wer du bist. Deshalb sollst du für uns deinen Lebenslauf aufschreiben!"

Der Gefangene wird wieder weggeführt, in eine kleine Wohnung, in der er bewacht wird. Noch am gleichen Tag beginnt er zu schreiben:

Ich habe von meinen Eltern zwei Namen erhalten: Mein jüdischer Name Saulus erinnert an den ersten jüdischen König Saul. So wie er sollte ich mich für Gott einsetzen, voller Eifer und Leidenschaft. Und ich glaube, dieser Wunsch meiner Eltern ist in Erfüllung gegangen. Da meine Eltern aber auch das römische Bürgerrecht hatten, erhielt ich noch den Namen Paulus.

Geboren wurde ich vor etwa 59 Jahren in Tarsus, der berühmten Handelsstadt am Mittelmeer. Aufgewachsen bin ich allerdings in Jerusalem. Ich hatte das Glück, von dem bekannten Pharisäer Gamaliel aufgenommen zu werden. Von ihm habe ich gelernt, wie ich als Jude leben sollte, wie ich ein Leben nach Gottes Willen führen konnte. Alle Gebote waren wichtig, doch das Wichtigste war:

Du sollst den Herrn, deinen Gott, lieb haben
von ganzem Herzen, so sehr du kannst –
und deinen Mitmenschen sollst du lieben,
als ob du es selbst bist.

Streng hielt ich alle Gebote. Alles wollte ich richtig machen vor Gott.
Meinen ganzen Eifer setzte ich daran vollkommen zu sein.
Neben dem Studium der Tora, der Schriftrollen, lernte ich ein Handwerk: Ich wurde Zeltmacher.
Und dann lernte ich die Anhänger Jesu kennen. Viele Juden waren dazu geworden. Sie erzählten immer nur von Jesus. Jesus von Nazaret, der gekreuzigt wurde. Und den habe Gott zum Messias gemacht!

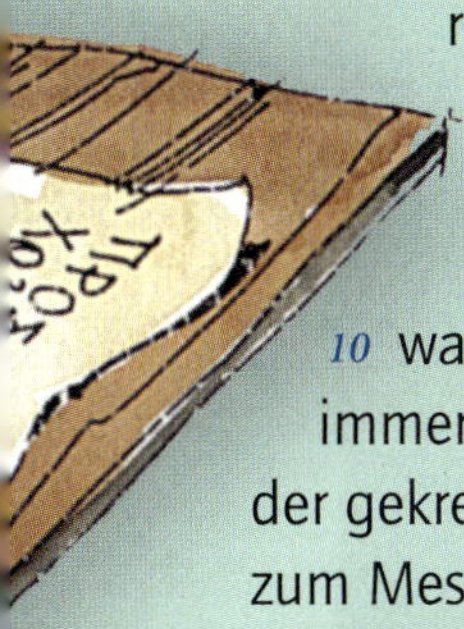

Das war nicht zu verstehen, das war gegen Gott: Wer am Kreuz stirbt, kann nicht der Messias sein. Er ist ein Verbrecher! Wer am Kreuz stirbt, ist von Gott verflucht. Von den Jüngern Jesu hörte ich: Jesus ist zwar am Kreuz gestorben, aber er ist nicht von Gott verflucht. Denn Gott hat ihn auferweckt. – Doch wenn Gott die Toten auferweckt, wird die Welt voll Frieden und Gerechtigkeit sein, sagen die Propheten Israels. Aber wo war denn Gottes neue Welt voller Frieden und Gerechtigkeit?

Dass Jesus der Messias, der Christus ist, das war der falsche Weg und eine Behauptung, die Gott beleidigte. Voller Eifer begann ich diejenigen, die solches verkündeten und die deshalb später Christen genannt wurden, zu verfolgen und anzuklagen.
Alle wurden mit Geißelhieben bestraft.

Eines Tages war ich auf dem Weg nach Damaskus. Und da – da sind mir die Augen aufgegangen, da ist mir ein Licht aufgegangen.
In einem Brief an die Gemeinde in Korinth habe ich das später so beschrieben:

Ich habe Jesus gesehen. Aus der Finsternis erstrahlte sein Licht. Es strahlte in mein Herz. Gott hat mich Jesus als den Messias sehen lassen. Wir bestehen vor Gott aufgrund seiner Gnade. Was ich bin, bin ich nur durch Gott allein.

Alles sah ich nun in einem neuen Licht: Jesus, den ich verfolgte, ist wirklich der Christus. Er ist bei Gott erhöht. Und noch wichtiger als das Gesetz ist die Liebe – das musste ich von nun an weitersagen – das war Gottes Auftrag für mich!

Mit demselben Eifer, mit dem ich die Gesetze gehalten hatte, fing ich jetzt an, von Jesus Christus zu erzählen. Schließlich sollten alle Welt erfahren, dass Gott alle Menschen liebt. Durch Jesus Christus sind alle Völker in den Bund mit dem Gott Israels aufgenommen. Deshalb reiste ich. Ich war in Arabien, in den Städten Philippi, Athen, Korinth, Ephesus, um nur einige zu nennen.

Paulus reist für Christus

Und dann wollte ich noch nach Rom. Doch ich wurde in Jerusalem gefangen genommen. Angeklagt wurde ich wegen Volksverführung. Und nach zwei Jahren, in denen ich in Caesarea gefangen gehalten wurde, bin ich nun in Rom. Doch so hatte ich mir das nicht vorgestellt. Ich wollte in der Gemeinde öffentlich sprechen, auch in Rom von dem Messias und meinen Erlebnissen erzählen. Ich wollte die Freundinnen und Freunde hier kennenlernen. Doch jetzt muss ich auf mein Urteil warten.

Paulus wird durch das kaiserliche Gericht zum Tode verurteilt. Er stirbt durch das Schwert.

Thomas Zacharias, Paulus, 1967

Jesus Christus ist bei den Ängstlichen

Über 30 Jahre sind nach dem Tod von Jesus vergangen. Die Jüngerinnen und Jünger sind zusammen geblieben, immer mehr Menschen glauben, dass Jesus auferweckt worden ist. Doch sie werden verfolgt, besonders von den Herrschern der damaligen Welt, den Römern.

Im Jahre 64 verfolgt Kaiser Nero die Christen in Rom. Er lässt sie kreuzigen. Im Jahr 70 brennt der Tempel in Jerusalem. Titus, Feldherr der Römer, hat nach langem Krieg die Stadt erobert. Alles liegt in Schutt und Asche. Alle fliehen: Juden und Christen. Um das Jahr 70 schreibt Markus eine Geschichte auf:

Es ist Abend am See Gennesaret.

Die Jünger steigen mit Jesus ins Boot. Sie wollen ans andere Ufer.
Da kommt Wind auf, ganz plötzlich mit wilder Gewalt.
Da kommen große Wellen. Sie schlagen hoch.
Sie schlagen ins Boot. Sie schlagen über dem Boot zusammen.
Die Jünger schreien: „Wir gehen unter! Hilfe, wir sind verloren!"
Jesus aber schläft. Er liegt hinten im Boot auf dem Kissen.
Er schläft ganz ruhig. Gott ist ja da. Die Jünger aber schreien.
Sie stoßen ihn an. Sie wecken ihn auf: „Hilf doch! Hilf uns, Herr!
Siehst du nicht, dass wir versinken im Meer, in den schrecklichen Wellen?
Siehst du nicht, dass wir in Angst sind, im Meer der Angst?"

Da steht Jesus auf. Er streckt seine Hand aus.
Er herrscht den Wind an: „Still! Sei ruhig!"
Er herrscht das Meer an: „Still! Sei ruhig!"
Und da, da ist es still.
Der Wind, er legt sich. Das Meer wird still. Es ist eine große Stille.
Und in die Stille spricht der Herr:
„Was soll eure Angst? Vertraut ihr mir nicht?
Ich bin doch da. Gott ist doch da. Habt ihr denn kein Vertrauen?"

Nach Markus 4, 35-40

Edvard Munch, Der Schrei, 1893

Vielen Menschen in Angst hat Markus mit dieser Geschichte geholfen. Er erzählt sie wie eine Jesus-Geschichte. Aber es ist eine Christus-Geschichte, kein Tatsachenbericht, sondern eine Glaubensgeschichte. Christen haben sich damit getröstet – zu allen Zeiten. Sie wussten: Er ist der Herr. Er kann uns helfen. Er stillt das Meer der Angst.

>> Angst schlägt über einem zusammen – wie Wellen über dem Boot.
Findet Beispiele.

>> Vergleicht die Geschichte mit der Erzählung von Maria aus Magdala.
Ordnet auch hier Psalmworte zu.

Jesus Christus richtet auf

Angst kann verzweifelt machen, Angst kann auch lähmen. Der Schriftsteller Markus hat mit dieser Geschichte den Menschen Mut gemacht, die nur noch wie gelähmt waren.

Und nach einigen Tagen ging er wieder nach Kafarnaum; und es wurde bekannt, dass er im Hause war. Und es versammelten sich viele, so dass sie nicht Raum hatten, auch nicht draußen vor der Tür; und er sagte ihnen das Wort. Und es kamen einige zu ihm, die brachten einen Gelähmten, von vieren getragen. Und da sie ihn nicht zu ihm bringen konnten wegen der Menge, deckten sie das Dach auf, wo er war, machten ein Loch und ließen das Bett herunter, auf dem der Gelähmte lag. Als nun Jesus ihren Glauben sah, sprach er zu dem Gelähmten:

„Mein Sohn, deine Sünden sind dir vergeben!"
Es saßen da aber einige Schriftgelehrte und dachten in ihren Herzen:
Wie redet der so? Er lästert Gott!
Wer kann Sünden vergeben als Gott allein?

Und Jesus erkannte sogleich in seinem Geist, dass sie so bei sich selbst dachten, und sprach zu ihnen: „Was denkt ihr solches in euren Herzen? Was ist leichter, zu dem Gelähmten zu sagen: ‚Dir sind deine Sünden vergeben', oder zu sagen: ‚Steh auf, nimm dein Bett und geh umher'? Damit ihr aber wisst, dass der Menschensohn Vollmacht hat, Sünden zu vergeben auf Erden" – sprach er zu dem Gelähmten:

„Ich sage dir, steh auf, nimm dein Bett und geh heim!"

Und er stand auf, nahm sein Bett und ging alsbald hinaus vor aller Augen, so dass sie sich alle entsetzten und Gott priesen und sprachen: „Wir haben so etwas noch nie gesehen." *Markus 2, 1-12*

- >> Schreibt die Geschichte aus der Sicht des Gelähmten.
- >> Wie kann ich jemandem helfen, sich wieder aufzurichten?
- >> Stellt einen Zusammenhang zwischen der Geschichte und dem Lied her.

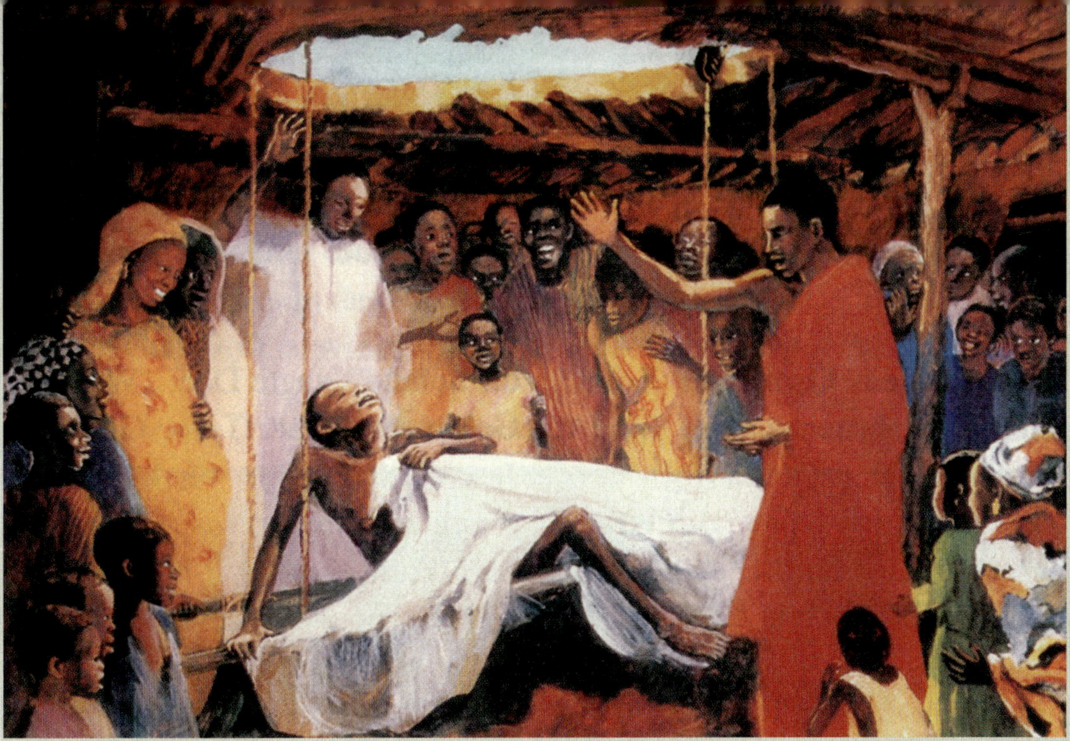

Text: Claus-Peter März
Melodie: Kurt Grahl

2. Wenn das Leid jedes Armen
uns Christus zeigt
und die Not, die wir lindern,
zur Freude wird, dann ...

3. Wem die Hand, die wir halten,
uns selber hält,
und das Kleid, das wir schenken,
auch uns bedeckt, dann ...

4. Wenn der Trost, den wir geben,
uns weiter trägt,
und der Schmerz, den wir teilen,
zur Hoffnung wird, dann ...

5. Wenn das Leid, das wir tragen,
den Weg uns weist,
und der Tod, den wir sterben,
vom Leben singt, dann ...

Lukas schreibt die Weihnachtsgeschichte

Der Schriftsteller Lukas hat viele Geschichten über Jesus aufgeschrieben. Unter diesen Geschichten ist auch die Geschichte von der Geburt.
Lukas wollte zeigen: Schon als Jesus geboren wurde, war er der Retter, war er das Licht der Welt, schon von Geburt an.

Lukas wusste:

Damals, als Jesus geboren wurde, war die Zeit des Kaisers Augustus. Damals gab es die Steuerbefehle.
Der Kaiser brauchte Geld. Überall wurde gebaut im Reich.
Der Kaiser war wie ein Gott.

Lukas wusste:

Damals ist Jesus geboren, in Armut, in einem kleinen Land am Rande des Weltreiches.

Aber Lukas wusste auch:

Mit Jesus ist ein Licht aufgestrahlt über die Welt, ein großes, starkes Licht.

Und davon hat Lukas geschrieben.

Er schrieb auf Papyrusblätter mit einem Schreibrohr. Er schrieb mit Tinte. Er schrieb auf eine Schriftrolle in griechischer Sprache und Schrift.
Theophilus, ein angesehener Mann, hatte Lukas gefragt: „Wer war Jesus wirklich?"
Lukas gab ihm Antwort und sandte ihm eine ganze Schriftrolle voller Geschichten.
Auch andere sollten sie lesen.
Lukas wollte, dass alle glaubten: Jesus ist der Herr.
Darum schrieb er von der Geburt.
Darum schrieb er: Jesus war der Herr von Anfang an.
Darum schrieb er von Maria und Josef, den Eltern Jesu.
Von ihnen hatte er gehört.

Lukas schrieb von Nazaret. Dort hatte Jesus gewohnt. Dort war er aufgewachsen.
Lukas schrieb von Betlehem. Denn das stand in den alten Schriftrollen der Juden:
„Aus Betlehem soll er kommen, der neue König, der Messias."

Lukas schrieb von dem Steuerbefehl, den der Kaiser damals erlassen hatte. Denn das wusste er: So war es gewesen:
Die Leute mussten sich eintragen lassen in die Steuerlisten des Kaisers. Sie sollten Steuern zahlen. Auch in Syrien war ein Steuerbefehl ergangen unter dem Statthalter Quirinius. Und zu Syrien gehörte Palästina. In Palästina lag Betlehem.

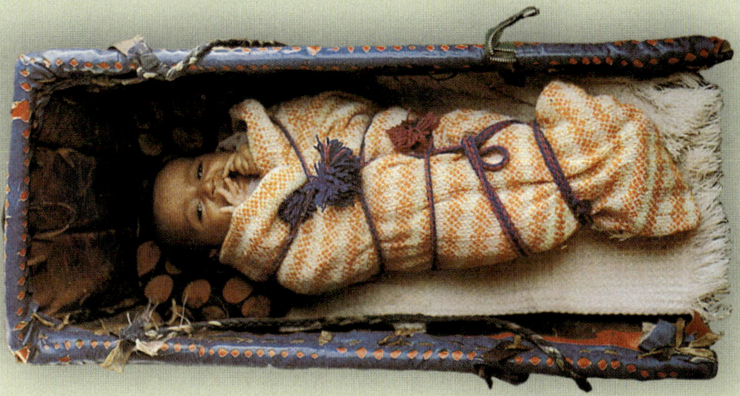

Lukas schrieb von den Hirten bei Betlehem. Die waren damals elend und verachtet. Hirten galten als Räuber und Betrüger.
Sie durften nichts bezeugen vor Gericht.
Sie zogen mit ihren Herden von einer Weide zur anderen.
Sie schliefen draußen bei den Herden in der Nacht.
Von ihnen hieß es: Gott will sie nicht. Hirten waren arm.
Aber Jesus war zu den Armen gekommen.

Und Lukas schrieb von den Engeln Gottes. Immer schon hatten die Menschen im alten Israel sich Geschichten von Engeln erzählt, von Boten Gottes, die etwas ansagten von Gott, die Rettung verkündeten, Engel, die wie Menschen zu Menschen kamen, Engel im Traum.
Lukas kannte diese Geschichten.

Wenn Gott mit den Menschen reden will, dann schickte er seine Engel. Das glaubte Lukas. Deshalb schrieb er von den Engeln. Und so können wir heute lesen, was Lukas damals vor über 1900 Jahren schrieb:

Es ist die Weihnachtsgeschichte.

Es begab sich aber zu der Zeit, dass ein Gebot von dem Kaiser Augustus ausging, dass alle Welt geschätzt würde.
Und diese Schätzung war die allererste und geschah zur Zeit, da Quirinius Statthalter in Syrien war.
Und jedermann ging, dass er sich schätzen ließe, ein jeder in seine Stadt.
Da machte sich auf auch Josef aus Galiläa, aus der Stadt Nazaret, in das jüdische Land zur Stadt Davids, die da heißt Betlehem, weil er aus dem Hause und Geschlechte Davids war, damit er sich schätzen ließe mit Maria, seinem vertrauten Weibe; die war schwanger.
Und als sie dort waren, kam die Zeit, dass sie gebären sollte.
Und sie gebar ihren ersten Sohn und wickelte ihn in Windeln und legte ihn in eine Krippe; denn sie hatten sonst keinen Raum in der Herberge.
Und es waren Hirten in derselben Gegend auf dem Felde bei den Hürden, die hüteten des Nachts ihre Herde.
Und der Engel des Herrn trat zu ihnen, und die Klarheit des Herrn leuchtete um sie; und sie fürchteten sich sehr.
Und der Engel sprach zu ihnen: Fürchtet euch nicht! Siehe, ich verkündige euch große Freude, die allem Volk widerfahren wird; denn euch ist heute der Heiland geboren, welcher ist Christus, der Herr, in der Stadt Davids.
Und das habt zum Zeichen: Ihr werdet finden das Kind in Windeln gewickelt und in einer Krippe liegen.
Und alsbald war da bei dem Engel die Menge der himmlischen Heerscharen, die lobten Gott und sprachen:
Ehre sei Gott in der Höhe und Friede auf Erden bei den Menschen seines Wohlgefallens.
Und als die Engel von ihnen gen Himmel fuhren, sprachen die Hirten untereinander:
Lasst uns nun gehen nach Betlehem und die Geschichte sehen, die da geschehen ist, die uns der Herr kundgetan hat.
Und sie kamen eilend und fanden beide, Maria und Josef, dazu das Kind in der Krippe liegen.
Als sie es aber gesehen hatten, breiteten sie das Wort aus, das zu ihnen von diesem Kinde gesagt war.
Und alle, vor die es kam, wunderten sich über das, was ihnen die Hirten gesagt hatten.
Maria aber behielt alle diese Worte und bewegte sie in ihrem Herzen.
Und die Hirten kehrten wieder um, priesen und lobten Gott für alles, was sie gehört und gesehen hatten, wie denn zu ihnen gesagt war. *Lukas 2,1-20, Übersetzung Martin Luther*

Geertgen tot Sint Jans, Geburt und Hirtenverkündigung, um 1490

Wir wissen, was Lukas dem Theophilus damit sagen wollte.
Und was er uns sagen wollte: Der Messias heißt Jesus.
Er ist der neue König.
Er ist das Licht für alle Völker und Menschen.

Simeon sieht das Licht für die Völker

Und Lukas schrieb weiter:

Vier Wochen später ging die Familie nach Jerusalem. Dort stand der Tempel der Juden. Hier wollten Maria und Josef Gott für die Geburt danken. Denn so war es in den Schriften der Juden vorgesehen.
Dort trafen sie Simeon, einen alten Mann. Simeon lebte nach Gottes Gesetzen.
Er wartete im Tempel, denn Gott hatte ihm gesagt:
Du wirst erst sterben, wenn du den Messias gesehen hast.
Und als Maria und Josef Jesus in den Tempel brachten, nahm er Jesus auf den Arm und lobte Gott:

Nun kann ich sterben,
denn ich habe den Messias gesehen.
Ich habe den Heiland
für alle Völker gesehen.
Das Licht,
das den Völkern
leuchten wird.

Nach Lukas 2,22-32

Rembrandt, Darbringung im Tempel, 1669

Chana, Lena und Murat:
Jesus Christus ist ...

Chana:

Jesus? Jesus ist für uns ein Lehrer, ein Prophet. Und nicht der Messias. Wir warten auf den Messias. Wenn der Messias, auf den wir warten, kommt, dann wird alles anders sein. Das hat schon vor 2700 Jahren der Prophet Jesaja gesagt:

Ein König wird kommen, der Messias,
ein König, der uns erlöst,
ein König, der uns befreit von unseren Feinden.
Dann wird kein Krieg mehr sein.
Alle werden Frieden haben.
Und der Friede wird so aussehen:
Der Friede wird so sein,
als wenn die Kuh neben dem Bären weidet
und ihre Jungen miteinander spielen.
So, als wenn ein Kalb und ein Löwenjunges
zusammen aufwachsen, und ein kleiner Junge
sie hüten kann. *Nach Jesaja 11,6-7*

Lena:

Es ist sehr schwierig zu erklären. Ich weiß, dass Paulus einmal geschrieben hat:

Der Segen Abrahams gilt nicht nur für die Juden,
sondern durch Christus für alle Menschen.
Wir glauben: Jesus Christus ist der Messias.
Für uns hat der Friede schon begonnen.
Wir nennen Jesus Christus auch „Sohn Gottes".
In ihm ist Gott uns ganz nah gekommen.
Lukas hat eine Geschichte geschrieben, die davon erzählt:
Einmal ging Jesus mit Petrus, Johannes und Jakobus
auf einen Berg. Er wollte beten.
Während er betete, schliefen seine Jünger ein.
Und da sahen sie Jesus: Er sah ganz anders aus,
sein Gesicht strahlte, seine Kleider leuchteten hell.
Und bei ihm waren zwei Männer, Mose und der Prophet Elija.
Und dann kam eine Wolke und hüllte sie ein.
Und aus der Wolke kam eine Stimme:
„Dieser ist mein auserwählter Sohn." *Lukas 9,35a*

Murat:

Siehst du, genau das glauben wir Muslime nicht:

Für uns ist Jesus nicht der Sohn Gottes.
Unser Glaubensbekenntnis heißt:
Es gibt keinen Gott außer Gott und Muhammad
ist sein Gesandter. Jesus war einer der größten Propheten, also
war Gesandter Gottes. Aber der Sohn Gottes?
Nein, das ist er nicht.

Raffael, Verklärung Christi, 1520

Auf Gottes Wort hören

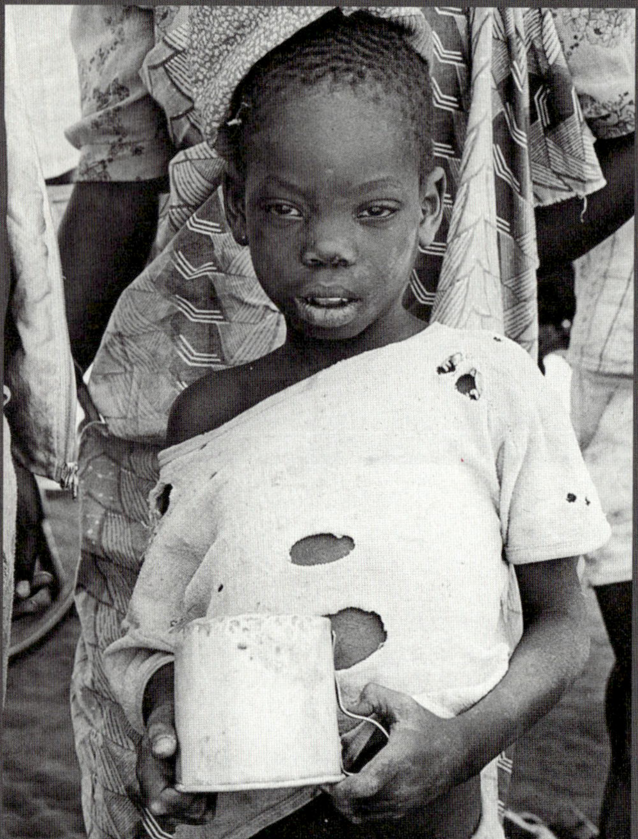

Warum lässt Gott das zu?

Mein Gott, mein Gott, warum hast du mich verlassen?
Mein Gott, des Tages rufe ich, doch antwortest du nicht,
und des Nachts, doch finde ich keine Ruhe.
Unsere Väter und Mütter hofften auf dich;
und da sie hofften, halfst du ihnen heraus.

Psalm 22,2a.3.5

Auch Kinder fragen: **Warum** lässt Gott das zu?

Warum ist mein Meerschweinchen gestorben?
Warum muss es Krieg geben?
Warum sorgt Gott nicht für Frieden?
Warum müssen Kinder in anderen Ländern hungern?
Warum tut Gott nichts gegen die Ungerechtigkeit?
Warum muss ich Letzter sein?
Warum streiten sich meine Eltern?
Warum wird Timo von allen geärgert?
Warum ...?
Warum!

>> Findet weitere Fragen!
Es gibt Fragen, auf die wir keine Antwort wissen.
Aber wir glauben, dass die Antwort bei Gott ist.

Ich schreie, aber meine Hilfe ist ferne.

Psalm 22,2b

Ich habe dich geschaffen *nach einer islamischen Überlieferung*

Ein Mann traf am Wegesrand auf ein kleines frierendes und hungerndes Kind, das von allen verlassen war.
Da wurde er zornig und sagte zu Gott: „Wie kannst du das zulassen?
Warum tust du nichts dagegen?"
Eine Zeit lang sagte Gott nichts.
Aber in der Nacht antwortete Gott dem Mann:
„Ich habe etwas dagegen getan. Ich habe dich geschaffen!"

Propheten handeln im Namen Gottes

Ein Prophet – wer ist das?

Einer, der ein Bote Gottes ist.
Einer, der Gottes Wort sagt, nicht sein eigenes.
Einer, dessen Rede anfängt: „So spricht Gott …"
Einer, der von Gott berufen ist,
der sich nicht dagegen wehren kann.
Einer, den Gott in sein Herz hat sehen lassen.
Einer, der Gottes Willen verkündet,
auch wenn er Unheil ansagen muss.
Einer, der falschen Propheten widerspricht.
Einer, der sich mit den Mächtigen anlegt.
Einer, der genau hinsieht
und der nicht wegsieht.

Einer …

Walter Habdank,
Der Prophet Natan vor David,
1960

Elija und der verborgene Gott

Gott gibt Elija einen Auftrag: „Geh zu den Menschen und sage ihnen, dass sie nicht mehr andere Götter anbeten."
So wird Elija ein Bote Gottes, ein Prophet.
Und Gott sprach weiter: „Sage den Menschen auch, dass ein großes Unglück kommen wird, wenn sie weiter den anderen Göttern nachlaufen." Elija tat, was Gott ihm gesagt hatte: „Hört! So spricht euer Gott, der Gott dem ihr untreu ward. Das ist unrecht. Wenn ihr nicht zu eurem Gott umkehrt, dann wird es ein großes Unglück geben.
Es wird nicht mehr regnen, es wird nichts mehr wachsen. Und ihr werdet nichts mehr zu essen haben, ihr werdet hungern."
Aber die Menschen wollen solche Unglücksbotschaften nicht hören. Sie schenken Elija keinen Glauben.
Auch der König und die Königin hören von Elijas Botschaft. Sie sind wütend darüber, sie wollen ihn loswerden. Sie wollen ihn töten.
Elija muss fliehen. Er flieht in die Wüste.
Dort findet er eine einsame Höhle. Hier ist er ganz allein. Er denkt:

Mein Gott, mein Gott, warum hast du mich verlassen? *Psalm 22,2*

Ich bin ausgeschüttet wie Wasser. *Psalm 22,15*

Elija ist traurig: Warum hören die Menschen nicht auf Gottes Wort? Die Menschen mögen mich nicht mehr und auch Gott hat mich verlassen.
Da hört Elija plötzlich wieder eine Stimme. Es ist die Stimme Gottes: „Elija, geh nach draußen vor die Höhle. Ich will mich dir zeigen!"
Draußen vor der Höhle hört Elija den Wind. Ein kräftiger, ein wütender Sturm wird daraus. Elija fürchtet sich:
Nein, in diesem Sturm ist Gott nicht.
Dann kommt ein Erdbeben. Die Erde zittert.
Und dann kommt ein großes Feuer.
Elija fürchtet sich: Nein, im Erdbeben und im Feuer ist Gott auch nicht.
Nun ist es ganz still. Da spürt Elija einen leisen, sanften Wind. Einen Windhauch. Der leise Wind tut gut, es ist wie ein Streicheln. Elija wird ruhig, nun hat er keine Angst. Da weiß Elija: Gott ist da! Gott ist bei mir!

Nach 1 König 19, 11-13

Elija lernt: Manchmal scheint Gott verborgen.
Gott ist nicht im starken Sturm.
Gott ist nicht im Erdbeben.
Gott ist nicht im großen Feuer.
Gott ist im leisen, sanften Wind.
Gott ist bei mir, auch wenn Gott mir verborgen scheint.
Gott schickt kein Unglück, wenn ich mich von Gott abwende.
Gott möchte, dass die Menschen zu Gott treu sind.

Amos geht gegen Unrecht vor

Amos ist ein Viehzüchter im Süden Israels. Gott schickt ihn als Boten, um die reichen Menschen im Norden Israels zu warnen und ihnen den Untergang anzukündigen.
Amos sagt den Menschen Gottes Wort:
„Hört, ihr reichen Frauen! Ihr müsst euch keine Sorgen machen, dass ihr genug zu essen habt.
Ihr unterdrückt die, die nicht genug haben. Ihr quält die Armen. Ihr seid wie gut genährte Kühe, die alles niedertrampeln.
Wo ihr geht, wächst kein Gras mehr. Aber bedenkt: Kühe werden gemästet und geschlachtet!
Hört, ihr reichen Männer! Ihr hasst diejenigen, die Wahrheit sagen. Ihr behauptet, Rechtes zu tun. Es ist Unrecht! Und eure großen Häuser sind gebaut auf dem Rücken der Armen.
Aber hört: Ihr werdet nicht mehr in euren Häusern wohnen. Ihr werdet nicht mehr die Früchte eurer prachtvollen Weinberge genießen.
Hört auf damit! Sucht das Gute, nicht das Böse. Haltet die Gebote Gottes. Vielleicht zeigt dann Gott Mitgefühl mit euch.“ *Nach Amos 4*

- Hier könnt ihr Unrecht und Ungerechtigkeit entdecken!
- Schreibt eine Rede für Amos: Was soll er den Menschen sagen?
- Was muss Amos heute sagen?

Jesaja verkündet Gottes neue Welt

Israel ist verwüstet. Es gab Krieg. Der Tempel in Jerusalem, das Heiligtum Gottes, ist zerstört. Vielen Menschen sind in der Fremde, sie wurden verschleppt.
Der Prophet Jesaja weiß warum. Er sagt es den Menschen: „Ihr habt nicht auf Gottes Wort gehört. Ihr habt Gott nicht vertraut. Ihr habt seine Gebote gebrochen."
Aber Jesaja weiß auch: „Ihr dürft hoffen. Denn ist Gott barmherzig. Vielleicht gibt es einen neuen Anfang."
Und Jesaja gibt den Menschen Hoffnung:

Das Volk, das im Dunkeln lebt, sieht ein großes Licht.
Für die, die im Land der Finsternis wohnen,
leuchtet ein Licht auf.
Gott, du schenkst ihnen große Freude. Darum jubeln sie laut.
Du zerbrichst das Joch der Fremdherrschaft,
das auf ihnen lastet, und den Stock,
mit dem sie zur Zwangsarbeit angetrieben werden.
Denn ein Kind ist uns geboren.
Der zukünftige König ist uns geschenkt.
Man wird ihn nennen: wunderbarer Ratgeber, starker Gott,
ewiger Vater, Fürst des Friedens.
Seine Macht wird weit reichen.
Seine Herrschaft wird auf immer Bestand haben.

Text: Hans-Hermann Bittger – Melodie: aus Israel

Gott spricht zu den Menschen durch den Propheten Jesaja. Gottes Wort gibt den Menschen Hoffnung. Gottes Wort ist wie Licht in der Nacht.

Christen glauben:

Jesus ist das Licht Gottes,
vom dem Jesaja spricht.
Jesus ist das Kind,
das Frieden bringen wird.
Jesus macht
unsere Dunkelheit hell.

Text: Friedrich Walz – Melodie: aus Mähren

Denn es ist dein Reich,
und du herrschst unter allen Menschen.

Psalm 22,29

Chana sagt:
„Wir glauben, dass der Retter, von dem Jesaja spricht, noch kommen wird. Es ist ja noch nicht Friede auf der Erde!"

Und Lena überlegt:
„Das stimmt. Aber trotzdem ist Jesus für uns wie ein Licht in der Nacht. Er zeigt uns, wie es Frieden werden kann. Christen in allen Ländern der Erde glauben das."

>> Was meint ihr zu Chanas und Lenas Gedanken?

>> Lest zum Thema Frieden auf den Seiten ab 126 weiter!

Die Psalmen: loben, danken, klagen und bitten

Menschen haben ihre Klagen an Gott in Worte gefasst.
Sie sagen Gott, worunter sie leiden.
Sie erzählen von ihrer Not.
Sie klagen Gott an: Warum hilfst du mir nicht? Sie bitten: Erhöre mich! Sei bei mir!

Es gibt ein Buch in der Bibel, in dem solche Worte aufgeschrieben sind. Es ist das Buch der Psalmen.
Damit man einen Psalm gut finden kann, hat man ihnen Nummern gegeben; denn in diesem Buch stehen 150 Lieder und Gebete.

Psalm 69,1-18

Hilf mir, Gott!
Die Flut geht mir bis an die Kehle!
Ich versinke im brodelnden Schlamm,
meine Füße finden keinen Halt.
Ich treibe ab in tiefes Wasser,
die Strömung reißt mich mit sich fort!

Bis zur Erschöpfung habe ich geschrien,
meine Kehle ist davon ganz entzündet.

Viele hassen mich ohne jeden Grund,
zahlreicher sind sie als
die Haare auf meinem Kopf.

Erhöre meine Bitte, HERR,
denn deine Güte tut mir wohl;
wende dich mir zu in deinem
Erbarmen!

Ich bin voller Angst,
erhöre mich bald!

Psalm 31,1-6

HERR, bei dir suche ich Zuflucht;
lass mich nie enttäuscht werden!
Rette mich, wie du es versprochen
hast!

Hör mich doch, hilf mir schnell!
Sei mir ein rettender Fels,
eine schützende Burg,
dann bin ich in Sicherheit.

Du gibst mir Halt, du bietest mir Schutz.
Geh mit mir und führe mich,
denn du bist mein Gott!

Ich gebe mich ganz in deine Hand,
du wirst mich retten,
HERR, du treuer Gott!

In vielen Psalmen wird Gott für seine Taten gelobt oder der Beter dankt Gott. In anderen Psalmen klagt ein Beter. Er spricht aus, was ihn bedrückt, worunter er leidet. Und er bittet Gott, dass Gott das Leid sehen und helfen möge.

Manche Psalmen sind das Gebet eines Einzelnen, andere Psalmen wurden im Gottesdienst gemeinsam gesungen.

Auch heute werden sie gemeinsam oder auch alleine gesprochen.

Psalm 103,1-13

Auf, mein Herz, preise den HERRN
und vergiss nie,
was er für mich getan hat!

Mit guten Gaben erhält er mein Leben;
täglich erneuert er meine Kraft,
und ich bleibe jung und
stark wie ein Adler.

Der HERR ist voll Liebe und Erbarmen,
voll Geduld und unendlicher Güte.

Wie ein Vater mit seinen Kindern
Erbarmen hat,
so hat der HERR Erbarmen
mit denen, die ihn ehren.

- >> Wie spricht der Betende Gott an? Er spricht zu Gott wie mit ...
- >> Versetze dich in den Betenden hinein. Wie fühlt er sich? Was denkt er?
- >> Wo findest du Lob und Dank, wo findest du Klage und Bitte?

Was bei Gott zählt

Jesus steigt
auf einen Berg.
Von hier aus
spricht er zu
den Menschen.
Er erzählt ihnen
von Gottes Reich.
Für Gott zählen
nicht Kraft,
nicht Reichtum,
nicht Macht.
Für Gott sind
andere Dinge
wichtig.

Jesus sagt:

Selig sind die Sanftmütigen;
denn sie werden das Erdreich besitzen.
Selig sind, die da hungern nach Gerechtigkeit;
denn sie sollen satt werden.
Selig sind die Barmherzigen;
denn sie werden Barmherzigkeit erlangen.
Selig sind, die reinen Herzens sind;
denn sie werden Gott schauen.
Selig sind die Friedfertigen;
denn sie werden Gottes Kinder heißen. *Matthäus 5,3-9*

>> Findet einen Titel
für das, was Jesus sagt,
und für das Bild.

Das Vaterunser

Und Jesus gibt den Menschen ein Gebet. *Matthäus 6, 9-13*
So könnt ihr mit Gott reden,
so könnt ihr zu Gott beten:

Vater unser im Himmel,
geheiligt werde dein Name.
Dein Reich komme.
Dein Wille geschehe
wie im Himmel, so auf Erden.
Unser tägliches Brot gib uns heute.
Und vergib uns unsere Schuld,
wie auch wir vergeben unseren Schuldigern.
Und führe uns nicht in Versuchung,
sondern erlöse uns von dem Bösen.

Denn dein ist das Reich und die Kraft
und die Herrlichkeit
in Ewigkeit.

Amen

Heute sprechen Christen in der ganzen Welt dieses Gebet - alle in ihrer Sprache. So verbindet es Christen in verschiedenen Ländern, so verbindet es auch evangelische und katholische Christen.

>> Vergleicht: Was bei Gott zählt - wofür können Menschen beten?

>> Überlegt, was der Satz »Dein Wille geschehe« bedeutet. Warum ist dieser Gedanke wichtig für ein Gebet?

>> Habt ihr schon einmal zu Gott gebetet? Was hast du gebetet? Tragt zusammen, wofür ihr beten wollt.

Neu nach Gott fragen – Martin Luther

Ein Mensch, der nach Gott fragt? Da denke ich an meinen besten und verehrten Freund. Von ihm möchte ich euch gern erzählen. Dazu müssen wir eine Reise unternehmen, eine Reise ins Mittelalter vor rund 500 Jahren. Mein Name ist übrigens Philipp Melanchthon.
Wir lebten in einer Zeit, in der die Menschen große Angst hatten. Sie glaubten, dass sie für alle schlechten Taten und bösen Gedanken von Gott bestraft werden. Sie stellten sich vor, dass sie am Tag des Letzten Gerichts von einem schrecklichen Höllenrachen verschlungen werden, aus dem es kein Zurück gibt. Sie glaubten, dass es vorher noch das Fegefeuer gibt, das Feuer der Reinigung. Aus dem Fegefeuer kann die Seele nach dem Tod noch zurückkommen und den Weg zum Himmel finden.
Diese Angst nutzt die Kirche aus: Es ziehen Mönche durch das Land, die versprechen: „Kauft euch Ablasszettel! Damit könnt ihr die Strafzeit im Fegefeuer verkürzen!"
Es heißt: „Sobald das Geld im Kasten klingt, die Seele aus dem Feuer springt!"
Die Menschen kaufen viele Ablässe. All das Geld soll für den Neubau der Peterskirche in Rom sein. Der Papst will es so.
Er ist der oberste Hirte in der Christenheit.

Martin Luther

Philipp Melanchthon

Mein Freund heißt Martin Luther, der 1483 geboren wurde. Er ist 14 Jahre älter als ich. Martin Luther ist Mönch und Doktor der Theologie.

Auch er hat Angst, große Angst, die ihn quält. Er fleht zu Gott: „Strafe mich nicht wegen meiner schrecklichen Sünden!" Martin liest viel in der Bibel, er sucht dort Hilfe. Eines Tages kommt er an eine Stelle, die er schon oft gelesen hat.

Aber an diesem Tag ist es wie ein neues Sehen, wie ein Lichtblick von Gott, wie ein Sehen mit neuen Augen:

„Gott will mich ja gar nicht bestrafen –
Gott will mir vergeben.
Gott ist kein strafender Gott –
Gott ist gnädig und liebt die Menschen.
Ich kann nichts dafür tun, allein mein Glaube an Gottes Gnade zählt."

Und damit weiß Martin Luther:

Wenn Gott mich liebt und mir vergibt,
dann kann ich mir Gottes Gnade doch nicht kaufen.
All das mit den Ablasszetteln ist doch Unsinn.
Man kann Gottes Gnade nicht kaufen.
Man kann nur auf Gottes Barmherzigkeit vertrauen.
Man kann nur der Bibel vertrauen.
Man muss nur glauben, dass in der Bibel
die Wahrheit zu finden ist.

Und Martin Luther schreibt seine Fragen, seine Gedanken auf. 95 Sätze schreibt er gegen den Handel mit Ablasszetteln auf. Darüber will er mit anderen Professoren diskutieren, darum schreibt er in lateinischer Sprache, der Sprache der Gelehrten.
Aber schnell werden diese Sätze bekannt.
Sie werden ins Deutsche übersetzt.
In Windeseile verbreiten sie sich in ganz Deutschland.

Martin Luther übersetzt die Bibel

Beim Lesen der Bibel fängt Martin Luther an, neu nach Gott zu fragen. Er merkt, dass auch die Schreiber der Bibel solche Fragen hatten: Wie ist Gott? Was erwartet Gott von den Menschen? Was ist mit meinen schlechten Taten?

Und Martin Luther findet Antworten in den Geschichten der Bibel. Er entdeckt: Es ist so wie beim verlorenen Sohn. Der kehrt zum Vater zurück und der Vater nimmt ihn in die Arme, weil er seinen Sohn liebt. Also liebt Gott mich auch dann, wenn ich Unrechtes tue. Das Wichtige ist, dass ich an Gott glaube.

Martin Luther denkt: Alle Menschen in Deutschland sollen in der Bibel lesen können. Alle Menschen sollen Fragen und Antworten in der Bibel finden können. Alle Menschen sollen die Geschichten von Gott und seinem Volk, die Geschichten von Jesus, von seinem Tod und seiner Auferstehung selbst lesen können.

Da fasst Luther einen Entschluss: Ich übersetze die Bibel in die deutsche Sprache, das Alte Testament aus dem Hebräischen, das Neue Testament aus dem Griechischen.

Und er schreibt so, dass auch die einfachen Menschen die Bibel verstehen, nicht nur die, die studiert haben. Er sagt: „Man muss den Leuten aufs Maul schauen!"

Auch heute noch lesen viele seine Übersetzung der Bibel.

Die Kirche wird reformiert

Durch Martin Luther hat sich viel verändert. Viele Menschen beginnen, so wie Martin Luther zu denken und zu glauben. Sie wenden sich vom Papst ab und dem **Evangelium** zu. Sie glauben allein an das Erbarmen Gottes und nicht mehr an den Ablass. Seitdem gibt es die **Evangelischen**. Später bildeten sie die Evangelische Kirche. Martin Luther hat die alte Kirche reformiert. Bald entstehen weitere reformierte Kirchen.

Die Zeit, in der Martin Luther lebte, nennt man darum auch die Zeit der Reformation. Seit dieser Zeit gibt es unterschiedliche Kirchen in Deutschland, in Europa und in der ganzen Welt. Darum gibt es auch heute bei uns evangelische Kirchen und die katholische Kirche. Darum gibt es heute evangelische und katholische Christen.

Lenas Eltern sind evangelisch. Darum haben sie Lena in der evangelischen Kirche taufen lassen. Darum gehört Lena zur evangelischen Kirche und geht sonntags in der evangelischen Kirche in den Kindergottesdienst. In der Schule geht sie zum evangelischen Religionsunterricht.

Einige von Lenas Freunden sind katholisch. Sie gehen zum katholischen Religionsunterricht und sonntags in eine andere Kirche.

Theresa fragt:

Vor fast 500 Jahren haben sich die Kirchen getrennt.
Warum ist das bis heute so?
Wir haben doch vieles gemeinsam!

>> Sprecht mit euren katholischen Freunden und Mitschülern:
Findet heraus, was gemeinsam ist und was unterschiedlich ist.

Getrennt und gemeinsam: evangelisch-katholisch

Vieles haben evangelische und katholische Christen gemeinsam. Aber es gibt auch Unterschiede. Manches kann man sehen, manches erfährt man, wenn man mit evangelischen und katholischen Christen über ihren Glauben spricht.

Das ist zum Beispiel **katholisch**: Priesterweihe, Kreuzweg, Aschenkreuz, Wallfahrten, Heiligenverehrung, Rosenkranz, Fronleichnam, Erstkommunion und Eucharistie.

Das ist **evangelisch**: Pfarrerin, Konfirmation, Reformationsfest, Abendmahl, Ordination, Bußtag.

>> Welche Unterschiede und welche Gemeinsamkeiten könnt ihr auf den Fotos entdecken?

>> Schaut euch eine evangelische und eine katholische Kirche in eurer Nähe an. Was könnt ihr wiederfinden?

Gemeinsam sind evangelischen und katholischen Christen die Bibel und die Taufe, das Vaterunser und viele weitere Gebete, Feste und Lieder. Auch das gemeinsame Glaubensbekenntnis verbindet sie. Das apostolische Glaubensbekenntnis ist schon alt, es stammt aus der Frühzeit der Kirche. Es ist älter als die Spaltung der Kirchen in der Reformation. Jeden Sonntag sprechen evangelische und katholische Christen dieses Bekenntnis im Gottesdienst:

Ich glaube an Gott, den Vater, den Allmächtigen,
den Schöpfer des Himmels und der Erde,
und an Jesus Christus, seinen eingeborenen Sohn, unsern Herrn,
empfangen durch den heiligen Geist, geboren von der Jungfrau Maria,
gelitten unter Pontius Pilatus, gekreuzigt, gestorben und begraben,
hinabgestiegen in das Reich des Todes,
am dritten Tage auferstanden von den Toten,
aufgefahren in den Himmel;
er sitzt zur Rechten Gottes, des allmächtigen Vaters;
von dort wird er kommen, zu richten die Lebenden und die Toten.
Ich glaube an den Heiligen Geist,
die heilige christliche (katholische) Kirche,
Gemeinschaft der Heiligen, Vergebung der Sünden,
Auferstehung der Toten und das ewige Leben. Amen

Es gibt viele Gelegenheiten, an denen evangelische und katholische Christen etwas gemeinsam tun. In vielen Schulen feiern die Schüler gemeinsam Gottesdienst. Evangelische und katholischen Kirchengemeinden feiern gemeinsam ein Gemeindefest. Die evangelische Religionsgruppe und die katholische machen zusammen ein Projekt.

Einen gemeinsamen Gottesdienst der Christen nennt man einen ökumenischen Gottesdienst. **Ökumene** meint, dass alle einbezogen sind: Evangelische und katholische Christen, hier und auf der ganzen Welt. **Ökumene** kann auch das Miteinander der Religionen heißen. Juden, Christen und Muslime gehören zusammen, denn sie glauben an den einen Gott Abrahams.

Gott führt in die Freiheit

Abraham

Ernst Alt, Samen Abrahams, 1976

Erinnert ihr euch an Abraham und Sara? Gott segnete Abraham und versprach ihm:

„Ich werde dich zu einem großen Volk machen. So zahlreich wie die Sterne werden deine Nachkommen sein."

Ich bin Hagar aus Ägypten, Saras Sklavin. Abraham und seine Frau warteten lange darauf, dass Gott sein Versprechen wahr machte und ihnen ein Kind schenkte. Schließlich war Sara zu alt, um ein Kind zu bekommen. Sara schickte Abraham zu mir.

Ich wurde Abrahams zweite Frau. Bald schon wurde ich schwanger. Ich war natürlich sehr stolz, die Mutter des Kindes zu werden, das Gott Abraham versprochen hatte.

Sara machte das sehr wütend und sie behandelte mich so schlecht, dass ich schließlich keinen anderen Ausweg sah als zu fliehen. Rundherum gab es nur Wüste und schon bald war ich sehr erschöpft. Schließlich fand ich eine Wasserquelle. Dort traf ich einen Fremden. Mitten in der Wüste! Er wollte wissen, woher ich kam und wohin ich wollte. Ich erzählte ihm meine ganze Geschichte. Nie werde ich die Worte vergessen, die er daraufhin sprach:

„Kehre zurück. Du bist schwanger und wirst einen Sohn zur Welt bringen. Den sollst du Ismael nennen, denn Gott hat dich gehört. Du wirst so viele Nachkommen haben, dass man sie nicht zählen kann."

Da verstand ich. Gott hielt das Versprechen, das er Abraham gegeben hatte und nun galt dieser Segen auch mir und meinem Sohn Ismael! Ich kehrte zu Sara zurück.

Als ich Abrahams Kind zur Welt brachte und sah, dass es ein Junge war, gab ich ihm den Namen Ismael.

Das heißt: Gott erhört.

Als Ismael schon 13 Jahre alt war, geschah es, dass Sara schließlich doch schwanger wurde. Sie brachte den lang ersehnten Sohn zur Welt und nannte ihn Isaak.
Nun hatte Abraham zwei Söhne.
Sara hatte Sorge,
dass ihr Sohn sein Erbe mit meinem Sohn teilen müsse.
Weil ich Saras Sklavin war, hatte sie das Recht mich und Ismael fortzuschicken. Wieder einmal war ich in der Wüste. Das Wasser, das Abraham mir und Ismael mitgegeben hatte, war bald aufgebraucht. Wir verirrten uns und liefen unter der brennenden Sonne, bis Ismael nicht mehr konnte. Ich trug ihn, doch schließlich war auch ich erschöpft. Ich legte ihn unter den Schatten eines Dornengestrüpps und setzte mich ein Stück weit von ihm entfernt auf einen Stein. Ich wollte nicht mit ansehen, wie mein Sohn stirbt. Sein Weinen zeriss mir das Herz. Auch Gott hörte das Weinen meines Sohnes, wie er es versprochen hatte, als er ihm den Namen Ismael gab.
Er ließ uns nicht im Stich.

„Fürchte dich nicht, Hagar.
Nimm deinen Sohn
und halte ihn fest an der Hand,
denn ich will ihn
zu einem großen Volk machen!"

Genesis - 1. Mose 21, 18

Abraham, so zahlreich wie die Sterne sollen deine Nachkommen sein.

Genesis - 1. Mose 15,5

Ich segne Sara, so dass Völker aus ihr hervorgehen.

Genesis - 1. Mose 17,16

Hagar, ich will deine Nachkommen mehren, dass man sie nicht zählen kann.

Genesis - 1. Mose 16, 10

Meinen ewigen Bund schließe ich mit Isaak.

Genesis - 1. Mose 17,21a

Auch Ismael werde ich segnen und ihn sehr zahlreich werden lassen.

Genesis - 1. Mose 17,20

Ich tat, wie Gottes Stimme gesagt hatte, und bemerkte, dass wir ganz in der Nähe einer Wasserquelle waren. In meiner Not hatte ich sie vorher nicht bemerkt. Ismael trank und kam wieder zu Kräften.

Sein Erbe war Gottes reicher Segen, der ihm als Abrahams Sohn ebenso galt wie Isaak. Gottes Segen ist unteilbar.

Nach Genesis - 1. Mose 16. 21

>> Welches Versprechen gibt Gott Ismael mit seinem Namen?

>> Was bedeutet Segen für Hagar und Ismael?

>> Wähle einen Segenspruch aus. Wie wirkt sich Gottes Segen aus?

Abraham,
ich will die Menschen segnen, die dich segnen.
Und in dir sollen sich segnen lassen
alle Völker der Erde.

Genesis - 1. Mose 12,3

Lena: Alle Völker? Aber wurden denn all diese Verheißungen nun erfüllt?

Chana: Isaak hatte viele Nachkommen. Jakob und seine Söhne kennen wir schon. Aus ihnen ging das Volk Israel hervor. Und ihr wisst ja, dass das Volk Israel sehr groß wurde. Wir nennen Abraham unseren Vater.

Murat: Wir nennen Ismaels Vater Ibrahim und erzählen die Geschichte anders. Für uns ist es sehr wichtig, wie es mit Ismael weiterging.

Hagar und Ismael wurden von Gott zu einer Wasserquelle geführt. An diesem Ort entstand Mekka, heute für die Muslime die wichtigste Stadt und unser Glaubenszentrum. Auch Ismael wurde zu einem großen Volk. Viele arabische Stämme zählen sich zu seinen Nachfahren. Darum nennen auch wir Ibrahim unseren Vater.

Lena: Der Segen gilt also für Juden und Muslime? Und auch für die Christen?

>> Juden und Muslime sagen: Abraham ist unser Vater.

Durch wen sind auch die Christen mit Abraham verbunden?

Für Paulus war Abraham ein Vorbild im Glauben.
Er sagt: **Die des Glaubens sind, das sind Abrahams Kinder.**

Gehören auch die Christen zur Abraham-Familie? Dazu schreibt Paulus: „Gehört ihr zu dem Messias (Christus) Jesus, dann seid ihr Abrahams Kinder und Mit-Erben der Verheißung, die Gott dem Abraham gegeben hat." *Nach Galater 3,2*

>> Überlegt, wie der Satz „Juden und Muslime sagen: Abraham ist unser Vater" erweitert werden muss.

Paulus: „Wir Christen sind wie Zweige an einem Baum. Die Juden aber sind die Wurzeln des Baums. Sie tragen den Baum." *Römerbrief 11*

>> Überlegt: Was bedeutet das für das Miteinander der Religionen?

Mose

Erinnerst du dich an Josef und seine Brüder?

Josef lebte in Ägypten und war ein Berater des Pharao geworden. Als eine große Hungersnot ausbrach, zogen seine Brüder mit ihren Familien nach Ägypten. Das war schon lange her und inzwischen gab es auch einen neuen Pharao, aber die Nachfahren von Josefs Familie und den Familien seiner Brüder sind in Ägypten geblieben.

So kam es, dass auch ich in Ägypten geboren wurde, aber dennoch keine Ägypterin bin. Mein Name ist Mirjam. Ich gehöre dem Volk Israel an, denn einer meiner Vorfahren war Josefs Bruder Levi. Zu diesem Zeitpunkt lebte schon eine große Zahl Israeliten in Ägypten.

Davon fühlte sich der neue Pharao bedroht. Daher versklavte er uns Israeliten in seinem Lande, indem er uns zu harter Arbeit zwang.

Trotz dieser Unterdrückung wuchs unser Volk Israel. Wenn ein neues Kind auf die Welt kam, halfen Hebammen den Frauen bei der Geburt. Sie kümmerten sich um die Mütter und auch um die Babys. Oft waren die Hebammen die ersten, die die Kleinen in den Armen hielten.

Eines Tages ließ der Pharao die Hebammen zu sich kommen. Darunter waren auch Schifra und Pua. Er erteilte ihnen den Befehl, die Neugeborenen der Israelitinnen zu töten, wenn es Jungen waren. Nur die Mädchen sollten sie am Leben lassen.

Doch die beiden Hebammen wussten, dass Gott das nicht wollte. Das war ihnen wichtiger als die Anweisung des Pharao. Daher haben sie seinen Befehl nicht befolgt. Das war sehr mutig und wir hatten große Sorge, dass sie dafür bestraft werden würden.

Sie waren auch bei meiner Mutter, als mein Bruder geboren wurde. Wir haben uns sehr über ihn gefreut. Doch gleichzeitig wussten wir, dass er in Gefahr war. Weil die Hebammen dem Pharao nicht gehorcht hatten, hatte dieser inzwischen allen Ägyptern befohlen die neugeborenen Söhne von israelitischen Frauen in den Nil zu werfen.

Wir waren in großer Sorge. Wie konnten wir sein Leben schützen?

Standbild: >> Betrachtet das Bild genau.
Stellt eine Szene durch ein Standbild dar und wählt einen passenden Psalmvers aus.

Rollenspiel: >> Denkt euch ein Interview mit Schifra und Pua aus. Findet heraus, warum sie dem Pharao nicht gehorchen.

Wir verbargen meinen Bruder vor anderen. Doch schon nach kurzer Zeit wurde es immer schwieriger, ihn vor den Ägyptern zu verstecken. Ein paar Male wäre er fast entdeckt worden. Ständig lebten wir in Angst, Ägypter würden ihn bei uns finden. Das hätte den Tod für ihn bedeutet. Darum entschied meine Mutter, dass es zu gefährlich wäre, ihn weiterhin bei uns zu behalten.

Sie flocht einen Korb. Darin bettete sie meinen Bruder und setzte ihn darin in das Schilf am Ufer des Nils.

Ich war damit ganz und gar nicht einverstanden, sondern wütend und besorgt. Drei Monate lang hatte ich geholfen ihn zu versorgen, hatte ihn gebadet, gewickelt, mit ihm gespielt und auf ihn aufgepasst. Was würde jetzt mit ihm geschehen, so alleine an dem großen Fluss? Ich versteckte mich in der Nähe und behielt das kleine Körbchen genau im Auge. Schließlich hörte ich Stimmen. Da waren Frauen, die im Nil baden wollten. Vor Schreck blieb mir fast das Herz stehen, als ich die Tochter des Pharao erkannte. Sicher würde sie meinen Bruder in den Nil werfen, damit er ertrinke. Denn diesen Befehl hatte ja ihr Vater selbst erteilt. Das durfte nicht geschehen, das musste ich verhindern. Ich begann zu laufen. Als ich die Tochter des Pharao erreichte, hielt sie meinen Bruder zu meiner Überraschung behutsam in den Armen. Anstatt ihn in den Nil zu werfen, versuchte sie ihn zu beruhigen. Er schrie und weinte, denn natürlich wollte er zu unserer Mutter.

Ich nahm allen Mut zusammen und ging auf die Tochter des Pharao zu:

„Soll ich hingehen und für dich eine stillende israelitische Frau holen, damit sie dir den Knaben stillt?"

Sie willigte ein. Rasch lief ich zu meiner Mutter, berichtete ihr, was geschehen war, und brachte sie zur Tochter des Pharao.

So kam es, dass mein Bruder bei uns aufwachsen durfte. Erst als er älter war, wurde er der Tochter des Pharao übergeben, die ihm den Namen „Mose" gab, das bedeutete in hebräischer Sprache „Der, den ich aus dem Wasser zog" und erinnert auch gleichzeitig an das ägyptische Wort für „Sohn" oder „Kind".

Auf dem Bild siehst du den brennenden Dornbusch, wie ihn Marc Chagall gemalt hat. Die hebräischen Zeichen stehen für den Namen Gottes.

>> Tauscht eure Gedanken zu dem Namen Gottes aus. Welches Versprechen, welche Verheißung steckt in dem Namen?

>> Gestalte ein eigenes Bild zu dem Namen „**ICH-BIN-DA**".

Inzwischen starb der Pharao und ein neuer Pharao kam. Für die Israeliten änderte das nicht viel. Noch immer waren sie Sklaven und mussten für die Ägypter arbeiten. Diese Ungerechtigkeit machte Mose sehr wütend. Er wusste nicht, wohin mit seiner Wut. Als er eines Tages sah, wie ein Ägypter einen israelitischen Sklaven misshandelte, ging er dazwischen und schlug den Ägypter. Der Ägypter war tot. Mose wusste, dass er dafür hart bestraft werden würde. Also floh er und lebte fortan als Hirte.

Als er eines Tages einen Dornbusch sah, der in Flammen stand, aber nicht verbrannte, ging er neugierig näher. Aus den Flammen sprach eine Stimme zu ihm.

„Komm nicht näher. Ziehe deine Schuhe aus, denn dieser Boden ist heilig. Ich bin der Gott deiner Väter, der Gott Jakobs, Isaaks und Abrahams." Und Mose verbarg sein Gesicht, er fürchtete sich Gott anzusehen.

Gott sprach zu Mose: „Ich habe das Elend meines Volkes in Ägypten gesehen und bin gekommen, um sie zu retten. Gehe du zum Pharao und führe mein Volk heraus aus Ägypten in ein schönes weites Land, das ich euch zeigen werde.

Sage den Israeliten, der **ICH-BIN-DA** hat dich geschickt. Das ist für immer mein Name."

Mose ging zum Pharao. „Gott hat mich zu dir gesandt und lässt dir sagen: Lass mein Volk, das Volk Israel ziehen.“

Doch der Pharao hörte nicht auf ihn und ließ die Israeliten nicht frei.

Noch viele weitere Male ging Mose zum Pharao. Immer wieder forderte er ihn im Namen Gottes auf, die Israeliten ziehen zu lassen. Der Pharao jedoch weigerte sich Gott zu gehorchen und uns die Freiheit zu schenken. Er hielt sich für mächtiger als Gott.

Es begann für die Ägypter eine schwere Zeit. Ungeziefer, Katastrophen und Krankheiten brachen über sie hinein und sie mussten viel erleiden. Die Israeliten blieben jedoch von all dem verschont.

Schließlich geschah etwas Fürchterliches: Alle erstgeborenen Kinder der ägyptischen Familien starben. Auch der Sohn des Pharao.

Die Kinder der israelitischen Familien blieben verschont. Alle Israeliten hatten die Türpfosten ihrer Häuser mit dem Blut eines Lammes bestrichen. Das hatten sie geschlachtet, zubereitet und gegessen. So hatte Gott es ihnen aufgetragen, damit die Häuser der Israeliten vor dem Unheil verschont blieben.

Als der Pharao sah, was geschehen war, ließ er das Volk endlich ziehen.

Chana: Gott hatte den Israeliten noch etwas aufgetragen; nämlich diesen Tag als Gedenktag zu feiern. Und das tun wir Juden heute noch. Wir feiern das Pessachfest. „Pessach" ist Hebräisch und heißt „vorüberziehen" oder „verschonen".

Lena: Und was macht ihr am Pessachfest?

Chana: Das Pessachfest dauert eine Woche. Ein Höhepunkt ist der Sederabend. An diesem Tag feiern wir zuhause eine Andacht. „Seder" heißt Ordnung und dieser Abend läuft tatsächlich nach einer ganz bestimmten Ordnung ab. Wir bereiten ganz bestimmte Speisen zu. Jede hat eine besondere Bedeutung. Die bitteren Kräuter zum Beispiel erinnern daran, wie bitter die Zeit in der Sklaverei war. Vielleicht habt ihr ja Lust, an unserem nächsten Sederabend dabei zu sein. Wir laden dazu gerne Freunde ein.

Murat: Ist das denn auch ein Fest für Kinder?

Chana: Klar, wir haben sogar wichtige Aufgaben. Als jüngstes Kind darf ich immer die Fragen nach dem Grund des Festes stellen. Die erste lautet „Warum ist dieser Abend anders als die anderen?" Dann liest mein Vater aus der Haggadah vor. Dort wird die Geschichte der Befreiung des Volkes Israel aus Ägypten erzählt.

Lena: Geht die Geschichte denn noch weiter?

Chana: Aber ja!

Das hebräische Wort „Haggadah" bedeutet „Erzählung". Während des Pessachfestes soll die Geschichte von der Befreiung Israels aus der Sklaverei in Ägypten erzählt werden. Die Haggadah ist ein Buch, in dem diese Geschichte aufgeschrieben ist.

Chana: In der Bibel findest du eine große Erzählung davon, wie das Volk Israel aus Ägypten auszog.
Das Volk Israel machte sich auf den Weg. Die vielen Familien trugen ihr Hab und Gut mit sich und trieben ihre Kühe und Schafe vor sich her, hinaus aus Ägypten auf dem Weg in das Land Kanaan, in das Gott sie führen wollte. Auf den Pharao schien dieses Bild auch großen Eindruck zu machen. Er sah, wie seine ganzen Arbeiter sein Land verließen. Wer sollte ihm jetzt dienen? Und als die Israeliten schließlich sein Land verlassen hatten, bereute er, dass er sie hatte ziehen lassen. Mit vielen Soldaten machte er sich auf den Weg.
Mit seinen Pferden und Wagen hatten sie die Israeliten bald eingeholt. Vor den Israeliten lag nun das Schilfmeer, das sie nicht überqueren konnten. Mose führte sie bis zum Ufer. Dort sprach Gott zu ihm: „Strecke deinen Stab über das Meer dann kann mein Volk trockenen Fußes hindurchziehen."
Und Mose streckte seinen Stab aus und ein starker Wind trieb das Wasser auseinander. So gingen sie auf die andere Seite.
Die Ägypter folgten ihnen, doch blieben sie mit ihren Wagen stecken. Als das Volk Israel das Meer durchquert hatte, kehrte das Wasser zurück. *Exodus - 2. Mose 1-15*

Dieses Bild von Marc Chagall erzählt von der Befreiung. Sie ist eine wichtige Grundlage für den Bund Gottes mit dem Volk Israel.

»
Gestalte ein eigenes Bild mit dem Titel „Rettung" oder „Befreiung".

Hier seht ihr Mirjam nach der Wanderung durch das Meer – ebenfalls ein Bild von Marc Chagall. Sie feiert die Befreiung. Sie nimmt ihre Pauke und singt.

»

Wo erleben Mose und die Israeliten Gott als den ICH-BIN-DA? Denke an die verschiedenen Lebensstationen von Mose.

Chana: Das Volk Israel blieb nicht in der Wüste. Sie kommen schließlich in das Land, das ihnen von Gott versprochen worden war.

David

Samuel ist Prophet. Gott gibt ihm den Auftrag, den neuen König von Israel zu salben. Der neue König kommt aus Betlehem und ist einer der Söhne Isais.

Also geht Samuel zu Isai und spricht: „Ich komme zu dir, weil ich gemeinsam mit dir und deinen Söhne zu Gott beten möchte. Rufe deine Söhne herbei.

Gott hat Großes mit einem von ihnen vor."

Und Isai holt seinen ersten Sohn, Eliab. Er ist groß und kräftig.

Samuel denkt: „Er sieht aus wie ein König."

Aber Gott spricht zu Samuel: „Mache dir nicht Gedanken um sein Aussehen. Gott sieht nicht wie die Menschen. Ein Mensch sieht, was vor Augen ist; Gott aber sieht das Herz an."

„Nein, Isai, diesen Sohn hat Gott nicht auserwählt", sagt Samuel.

Da ruft Isai seinen zweiten Sohn.

Und wieder spricht Gott zu Samuel: „Mache dir nicht Gedanken um sein Aussehen. Gott sieht nicht wie die Menschen. Ein Mensch sieht, was vor Augen ist; Gott aber sieht das Herz an."

„Nein, Isai, diesen Sohn hat Gott nicht auserwählt", sagt Samuel.

Da holt Isai seinen dritten Sohn. Und wieder spricht Gott zu Samuel: „Mache dir nicht Gedanken um sein Aussehen. Gott sieht nicht wie die Menschen. Ein Mensch sieht, was vor Augen ist; Gott aber sieht das Herz an."

„Auch diesen Sohn hat Gott nicht auserwählt", sagt Samuel. So geschieht es auch beim vierten bis siebten Sohn. „Sind das alle deine Söhne?", fragt Samuel.

Isai hat noch einen Sohn. Sein Name ist David. Er ist der Jüngste und nicht so groß und stark wie seine Brüder. Er hütet die Schafe. Sollte er etwa der Auserwählte sein?

Isai schickt nach David.

Als Samuel David sieht, spürt und weiß er sofort: Das ist er.

David wird einmal König werden. *Nach 1. Samuel 16*

>>
Spielt die Erzählung nach. Überlegt auch, was Isai und seine Söhne denken, sagen und fühlen.

Marc Chagall, Salbung zum König, 1931-39

Text: Numeri - 4. Mose 6, 24-26 - Melodie: Thomas Jung

Samuel salbt David und spricht:

Der Herr segne dich und behüte dich. Der Herr lasse sein Angesicht leuchten über dir und sei dir gnädig. Der Herr hebe sein Angesicht über dich und gebe dir Frieden.

Numeri - 4. Mose 6, 24-26

»
Welche Zusagen findest du in dem Segen, den Samuel David zuspricht?

»
Der Segen, den Samuel zu David spricht, wird auch am Ende eines Gottesdienstes gesprochen.

»
Was bedeutet dieser Segen für dich?

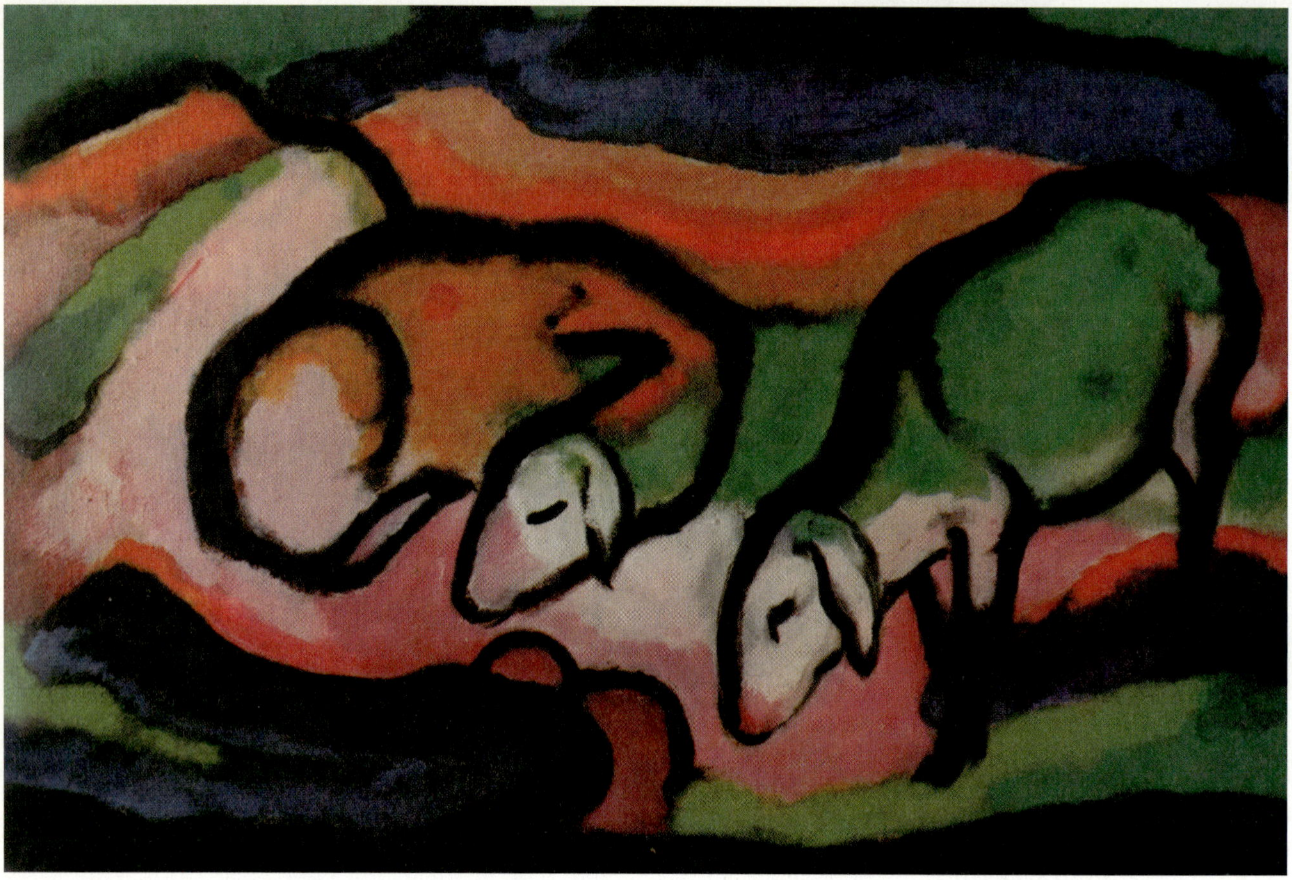

Der Herr ist mein Hirte,
mir wird nichts mangeln.
Er weidet mich auf einer grünen Aue
und führet mich zum frischen Wasser.
Er erquicket meine Seele.
Er führet mich auf rechter Straße
um seines Namens willen.
Und ob ich schon wanderte im finsteren Tal,
fürchte ich kein Unglück;
denn du bist bei mir,
dein Stecken und Stab trösten mich. *Psalm 23*

Diesen Psalm hat David als König gedichtet.

Marc Chagall,
König David

David hat noch
weitere Psalmen gedichtet.
Dabei hat er noch
andere Bilder verwendet,
um zu beschreiben,
wie Gottes Segen ist.

Der Herr …

… ist mein Fels. *Psalm 18*

… hat mich aus der Tiefe gezogen. *Psalm 30*

… beschirmt mich unter dem Schatten seiner Flügel. *Psalm 17*

… ist der Schild über mir. *Psalm 7*

… ist meine Burg. *Psalm 1*

>> Wähle ein Psalmwort aus. Male ein Bild dazu und überlege dann, wie der Psalm weitergehen könnte.

>> Dichte einen eigenen Psalm.

Schöpfung

Nach dem Anfang fragen

>> Betrachtet das Bild ganz genau.
Der Text auf der rechten Seite kann dabei helfen.

>> Gebt dem Bild einen Titel!

Eine Lichtexplosion

Tritt ein in das Bild!
Schau hinein in die Dunkelheit!
Geh den Weg, der aussieht wie eine Spirale!
Lass dich hineinziehen in den Tunnel!
Freu dich über das Licht am Ende des Weges!
Da fängt etwas an.

Der Urknall: eine Lichtexplosion. –
Erklären die Wissenschaftler.
Gott sprach: Es werde Licht! –
Erzählt die Bibel.
Warum gibt es eine Welt? –
Fragen die Menschen.

Aus dem Licht entsteht das Leben.
Siehst du den Fingerabdruck?
Es ist sicher der Finger des Künstlers, der das Bild gemacht hat.
Ist es auch der Hinweis auf eine Spur von Gott,
der Welt und Leben möglich macht?

Der Fingerabdruck ist wie alles Leben – einzigartig!
Die Linien auf deinen Fingern gibt es nur einmal.
Schau dir dieses kleine große Wunder an!
Auch dein Fingerabdruck ist gemeint auf dem Bild.
Auch du bist entstanden aus dem Licht am Anfang.
Bis heute kommt nach der dunklen Nacht das Licht des Tages.
Die Welt und die Menschen stehen auf und sind einfach da.

Gottes Schöpfung

Menschen haben schon vor langer Zeit gefragt:

Woher kommt die Welt?
Wer hat die Welt erschaffen?
Was war am Anfang?
Warum gibt es die Welt?

Diese Fragen beantwortet die Bibel mit Gottes Schöpfung. Ein Lied auf den ersten Seiten der Bibel spricht von ihr. Das Sieben-Tage-Lied vom Anfang ist ein Loblied auf die Schöpfung (siehe Seite 92-93). Es ist ein Glaubenslied: Welt und Menschen haben ihren Anfang in einem guten Gott.

Die Naturwissenschaftler haben zu diesen Fragen geforscht.

Sie nehmen an:
Es gab am Anfang einen Urknall.
Mit einer gewaltigen Explosion ist das Weltall entstanden, die Sterne, die Planeten, die Erde und die Sonne.
Bis das Leben auf der Erde entstand, dauerte es viele Milliarden und Millionen Jahre.

Marc Chagall, Das Paradies, 1960

>> Der Künstler Marc Chagall hat ein Bild zum Lied vom Anfang gemalt.
Vieles kannst du entdecken, vergleiche das Bild und das Lied hier!

Text: Rolf Krenzer
Melodie: Detlev Jöcker

Du hast uns
deine Welt geschenkt:
die Länder, ... die Meere ...

Du hast uns
deine Welt geschenkt:
die Sonne, ... die Sterne ...

Du hast uns
deine Welt geschenkt:
die Blumen, ... die Bäume ...

Du hast uns
deine Welt geschenkt:
die Berge, ... die Täler ...

Du hast uns
deine Welt geschenkt:
die Vögel, ... die Fische ...

Du hast uns
deine Welt geschenkt:
die Tiere, ... die Menschen ...

Das Lied vom Anfang

Im Anfang war Gott.
Sonst aber war
Tohuwabohu:
Irrsal und Wirrsal.
Finsternis.
Wasser der Urflut.
Gott über den
Wassern.
Gott sprach:
„Licht werde."
Es wurde Licht.
Gott sah: Es war gut.
Gott trennte Licht und
Finsternis.
‚Licht' hieß Tag,
‚Finsternis' Nacht.

Abend und Morgen:
Ein erster Tag.

Gott sprach:
„Im Wasser soll ein
Gewölbe sein,
eine Trennung
zwischen den Wassern,
Wasser oben,
Wasser unten."
Es wurde so.
Gott sah: Es war gut.
‚Himmel' hieß
das feste Gewölbe.

Abend und Morgen:
Ein zweiter Tag.

Gott sprach:
„Trockenes soll sein.
Es sollen sich trennen
Wasser und Land."
Es wurde so.
Gott sah: Es war gut.
‚Meer' hieß das Wasser,
‚Erde' das Land.
Gott sprach:
„Wachsen soll es auf
der Erde,
Kräuter und Bäume
mit Früchten
und Samen.
Es wurde so.
Gott sah: Es war gut.

Abend und Morgen:
Ein dritter Tag.

Gott sprach:
„Lampen sollen am Himmel leuchten
für Tag und Nacht und für das Jahr."
Es wurden Sonne, Mond und Sterne, zwei große Leuchten und viele kleine.
Sie gaben Licht.
Gott sah: Es war gut.

Abend und Morgen:
Ein vierter Tag.

Gott sprach:
„Fische sollen im Wasser sein, viele Vögel am Himmel."
Es wurde so.
Gott sah: Es war gut.

Abend und Morgen:
Ein fünfter Tag.

Gott schuf den Menschen nach seinem Bilde, er schuf sie als Mann und als Frau.
Gott segnete sie:
„Seid mit den Tieren.
Sorgt für sie.
Esst von den Pflanzen.
Alles übergebe ich euch.
Schützt und behütet alles.
Und Kinder und Kindeskinder
werdet ihr haben, hin über die ganze Welt."
Es wurde so.
Gott sah: Es war gut.

Abend und Morgen:
Ein sechster Tag.

Nach Genesis - 1. Mose 1

Der siebte Tag

Am **siebten Tag** hatte Gott seine Werke vollendet. Und Gott ruhte am siebten Tag von allen seinen Werken. Und Gott segnete den siebten Tag: Dies ist ein heiliger Tag. Der siebte Tag ist ein Tag der Ruhe. Dieser Tag soll auch für die Menschen ein wöchentlicher Feiertag sein.

Dieser siebte Tag heißt für uns Juden Schabbat. Er beginnt am Freitagabend nach Sonnenuntergang und endet am Samstagabend. Am Schabbat arbeiten wir nicht, wir gehen in die Synagoge und verbringen viel Zeit mit der Familie.

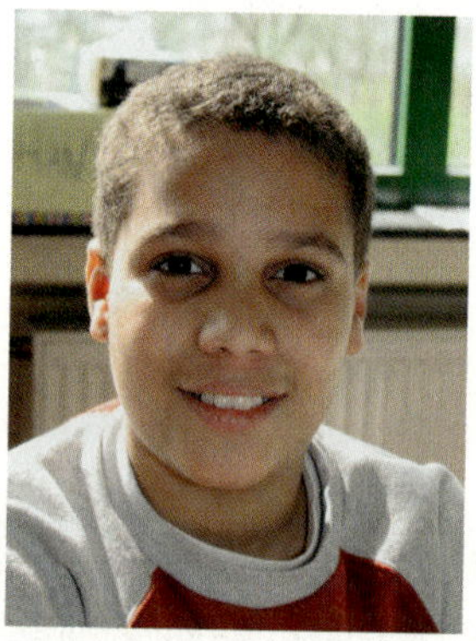

Unser Feiertag ist der Freitag. Dann gehen wir in die Moschee zum Freitagsgebet. Für uns ist der Freitag ein Tag des Gebets und der Gemeinschaft. In den Ländern, in denen viele Muslime leben, wird am Freitag nicht gearbeitet und es ist keine Schule.

Der Sonntag ist unser Feiertag. An diesem Tag gehen wir zum Gottesdienst in die Kirche. Am Ostersonntag ist Jesus auferstanden. Deshalb ist der Sonntag für uns heilig. Es ist unser freier Tag: Am Sonntag wird nicht gearbeitet. Oft besuchen wir am Sonntag Verwandte oder Freunde.

Vom wöchentlichen Feiertag handelt eines der Zehn Gebote:

Gedenke des Schabbat: Halte ihn heilig! Sechs Tage darfst du schaffen und jede Arbeit tun. Der siebte Tag ist ein Ruhetag, dem Herrn, deinem Gott geweiht. An ihm sollst du keine Arbeit tun: du, dein Sohn und deine Tochter, dein Sklave und deine Sklavin, dein Vieh und der Fremde.

Denn in sechs Tagen hat der Herr Himmel, Erde und Meer gemacht und alles, was dazugehört. Am siebten Tage ruhte er. Darum hat Gott den Schabbat gesegnet und ihn für heilig erklärt. *Exodus - 2. Mose 20,8-11*

Auch Jesus hat mit seinen Freunden den Schabbat gehalten und gefeiert. Nach Jesu Tod feierten die ersten Christen zunächst weiterhin den Schabbat. Bald wurde aber der Sonntag zum Feiertag der Christen. Sie denken im Gottesdienst an Jesus, der versprochen hat: Wo zwei oder drei in meinem Namen versammelt sind, da bin ich mitten unter ihnen.

Text: Matthäus 18, 20
Melodie: Kommunität Gnadenthal

>> Findet mehr über die wöchentlichen Feiertage in den drei Religionen heraus! Was wird an diesen Feiertagen gemacht? Fertigt jeweils einen typischen Ablauf an! Was ist ähnlich – was ist unterschiedlich?

>> Was macht den Sonntag für dich zu einem besonderen Tag?

>> Male ein Farben-Bild zum Sonntag.

Halte den Schabbat heilig!

„Wenn der Schabbat beginnt, begrüßen wir ihn in der Synagoge", erzählt Chana. „Wie kann man denn einen Tag begrüßen?", will Murat wissen. Chana hat eine Idee: „Am besten ihr kommt mal mit! Dann gehen wir zuerst in die Synagoge und feiern danach bei uns zu Hause Schabbat."

Im Schabbatgottesdienst am Freitagabend wird gesungen und gebetet. Der Höhepunkt des Gottesdienstes ist der Einzug der Königin Schabbat. Alle drehen sich zur Eingangstür, so als würde der Schabbat tatsächlich wie eine Königin in die Synagoge einziehen.

Nach dem Segen wünschen sich alle einen guten Schabbat und gehen nach Hause, um mit den Familien zu feiern. „Schabbat Schalom".

Zu Hause entzündet die Mutter oder die Tochter die beiden Schabbatkerzen. Dazu wird ein Segen gesprochen.

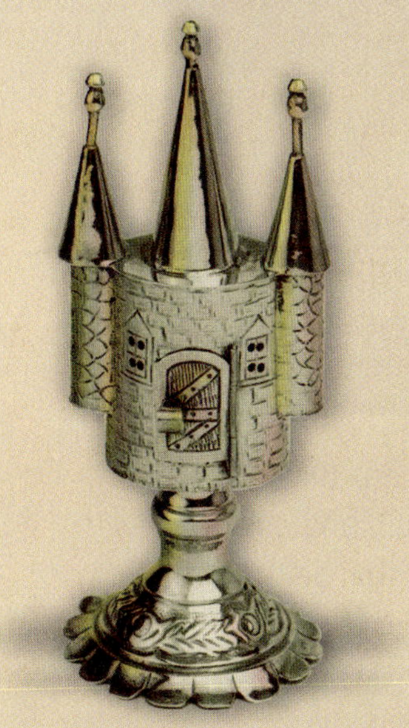

Das Vater beginnt die Schabbatfeier mit einem Segen, der über den Wein und die Schabbatbrote gesprochen wird. Der Segen und die Gebete sind genau festgelegt.

Die Schabbatbrote werden nur für den Schabbat gebacken. Sie sind wie Zöpfe geflochten. Der Vater bricht jedem ein Stück davon ab.

Alle Familienmitglieder und Gäste wünschen sich noch einmal einen guten Schabbat. Nun beginnt ein festliches und langes Abendessen. Man nimmt sich Zeit und erzählt viel.

Am Samstagabend endet der Schabbat. So wie dieser feierliche Tag begrüßt wurde, so wird er nun verabschiedet.

Die geflochtene Hawdalakerze wird entzündet.

Wenn sie im Wein gelöscht wird, ist der Schabbat zu Ende und die neue Woche beginnt.

Um ein wenig vom Schabbat mit in die Woche zu nehmen, riechen alle vorher an der Besamimdose, die mit gut riechenden Gewürzen gefüllt ist.

Die Erschaffung des Menschen

>> Der Maler des Bildes, Marc Chagall, hat den Namen Gottes in hebräischen Buchstaben in das Bild gemalt, der Name bedeutet „Ich-bin-da".

>> Betrachte zuerst das Bild, dann lies die Erzählung aus der Bibel auf der rechten Seite. Was ist dem Maler wichtig?

Wenn Gott alles erschaffen hat, warum lässt Gott es zu, dass die Menschen die Schöpfung zerstören?

Auf diese Frage antwortet eine zweite Erzählung in der Bibel. Die Schreiber haben viel über Gott und den Menschen nachgedacht: Was ist der Mensch?
Was ist die Aufgabe des Menschen?
Warum gibt es Mann und Frau?
Viele Fragen haben die Schreiber.
Mit ihrer Erzählung wollen sie eine Antwort geben.
Diese Erzählung über den Anfang der Welt ist noch älter als die erste. Sie steht in der Bibel gleich nach der ersten Erzählung vom Anfang:

Zuerst ist alles trocken, als Gott Himmel und Erde macht. Da ist nur Wüste, kein Baum, kein Strauch.
Es kann noch nichts wachsen.
Es ist ja noch kein Wasser da.
Es hat noch nicht geregnet.
Und der Mensch, der aus Erde Gemachte, der Mensch,
der Adam, ist noch nicht da.

Aber dann kommt Wasser.
Es steigt auf in der Erde.
Da wird alles feucht.
Und da kann es wachsen.
Es grünt und blüht.
Und da macht Gott den Menschen, den Adam.
Er macht ihn aus Wasser und Erde.
Er haucht ihm Atem ein, Atem des Lebens. Und der Mensch, der Adam, holt Atem. Er atmet, lebt.

Und Gott macht einen Garten in der Wüste, eine Oase. Wasser strömt dort. Schöne Bäume wachsen dort, Bäume mit herrlichen Früchten, ein Paradies.

Und Gott bringt den Menschen in den Garten. Er soll darin arbeiten.

Der Mensch soll den Garten pflegen und bewahren.

Und Gott gibt dem Menschen Tiere.
Der Mensch soll liebevoll umgehen mit ihnen. Er soll sie mit Namen rufen.
Und sie sollen ihm helfen.

Und Gott gibt dem Menschen die Frau: Eva heißt sie: „Leben". Sie soll bei ihm sein. Sie sollen miteinander arbeiten, Mann und Frau.

Sie sollen sich aneinander freuen.
Und der Mann sieht die Frau. Und er ruft: „Da ist sie! Sie gehört zu mir.
Wir gehören zusammen."

Nach Genesis - 1. Mose 2, 4b-23

>> Überlegt gemeinsam: Der Mensch soll den Garten pflegen und bewahren. Was bedeutet das?

Warum gibt es Gutes und Böses?

Die Menschen wissen: Es ist nicht so geblieben. Die Menschen leben nicht im Paradies. Das Leben ist auch schwer, es gibt Schmerz und Leid, die Menschen müssen arbeiten, um zu leben. Es gibt Gut und Böse. Auch davon erzählt die Bibel:

Gott gibt den Menschen ein Gebot: „In diesem Garten dürft ihr leben. Ihr sollt den Garten bebauen und bewahren. Alles dürft ihr essen, nur nicht vom Baum der Erkenntnis des Guten und des Bösen." Und Gott zeigt dem Menschen diesen Baum. „Von dem esst nicht, sonst werdet ihr sterben."

Da ist die Schlange in Gottes Garten, ein listiges Tier. Sie fragt die Frau voll Hinterlist: „Stimmt es, dass ihr nicht von allen Früchten des Gartens essen dürft?" – „Nein", sagt die Frau.

„Wir dürfen von allen Früchten essen. Nur ein Baum ist verboten. Sonst müssen wir sterben." Da sagt die Schlange: „Ihr werdet nicht sterben. Ihr werdet wie Gott, wenn ihr davon esst.

Ihr werdet über Gut und Böse urteilen."

Da sieht die Frau auf den schönen Baum, auf die schöne Frucht. Sie will gern essen, sie will alles wissen. Sie will gern wie Gott sein. Da nimmt die Frau von dem Baum und isst davon. Sie gibt dem Mann davon. Er isst. Da gehen ihnen die Augen auf.

Da erkennen sie, was gut ist und was böse ist. Die Menschen verstecken sich vor Gott.

Aber Gott ruft sie. Er spricht zu ihnen: „Was habt ihr getan? Ihr habt von dem Baum gegessen. Ihr habt Böses getan." Adam sagt: „Die Frau ist schuld." Gott spricht zu der Frau: „Was hast du getan?" Die Frau sagt: „Die Schlange ist schuld."

Da straft Gott die Schlange. Sie wird verflucht. Gott straft die Frau und den Mann. Gott schickt sie aus seinem Garten, aber Gott lässt sie am Leben. *Nach Genesis - 1. Mose 2, 16-17; 3.*

- >> Kennt ihr das? „Ich war das nicht, das war..."
- >> Was ist das Böse, das die Frau und der Mann tun?
- >> Woran erkennen wir, dass wir nicht in Gottes Garten leben?

Adam und Eva bekommen zwei Söhne: Kain und Abel. Kain wird Ackerbauer und Abel wird Viehhirte. Einmal danken beide Gott: Kain schenkt Gott einen Teil seiner Ernte und Abel schenkt Gott ein Tier seiner Herde. Abels Geschenk findet bei Gott Beachtung, Kains nicht. Gott weiß, warum.

Da entbrennt Kain im Zorn: „Immer er! Immer mein Bruder!"

Er ist zornig auf Gott und zornig auf den Bruder. Er weiß nicht, wohin mit seinem Zorn, er schaut zu Boden. Böse Gedanken kommen ihm.

Gott sieht Kain in seinem Zorn: „Warum bist du zornig? Warum schaust du zu Boden? Hast du Böses im Sinn? Will das Böse zu dir? Lass es nicht hinein!"

Aber Kain schaut zu Boden. Da liegt ein Stein. Er nimmt ihn und erschlägt seinen Bruder.

Gott spricht zu Kain: „Wo ist Abel, dein Bruder?"

Und Kain antwortet: „Weiß ich das? Bin ich meines Bruders Hüter?"

Aber Gott spricht: „Was hast du getan? Kain, das Blut deines Bruders schreit zu mir. Geh weg von mir. Du sollst alleine umherirren."

Kain schreit: „Nein! Das kann ich nicht.
Das kann ich nicht ertragen!
Du vertreibst mich. Sie werden mich erschlagen."

Da bekommt Kain ein Zeichen, ein Gotteszeichen. Damit jeder sieht: Den darf man nicht erschlagen. Und Kain geht weg von Gott. Er kommt in das Land ‚Ruhelos', fern von Gott. *Nach Genesis - 1. Mose 4, 1-16*

>> Die Menschen entfernen sich von Gott. Sie müssen den Garten Gottes verlassen. Aber Gott lässt sie nicht allein. Gott begleitet die Menschen auf ihren Wegen und segnet sie. Schau auf Seite 70-87 nach!

Gott hat uns diese Erde gegeben

Text: Eckart Bücken
Melodie: Fritz Baltruweit

>>
Gott gab uns Hände,
damit wir handeln ...
So heißt es in dem Lied
Was können deine
Hände tun,
um die Schöpfung zu
schützen?

2. Gott gab uns Ohren, damit wir hören.
Er gab uns Worte, dass wir verstehen.
Gott will nicht diese Erde zerstören.
Er schuf sie gut, er schuf sie schön.
Gott will nicht diese Erde zerstören.
Er schuf sie gut, er schuf sie schön.

3. Gott gab uns Hände, damit wir handeln.
Er gab uns Füße, dass wir fest stehen.
Gott will mit uns die Erde verwandeln.
Wir können neu ins Leben gehn.
Gott will mit uns die Erde verwandeln.
Wir können neu ins Leben gehn.

In dem Lied heißt es:

Gott hat uns diese Erde gegeben, er schuf sie gut, er schuf sie schön.

Text: Smith - Melodie: Stefan Vesper

Gott ist seine ganze Schöpfung heilig. Auch wir Menschen sind ein Teil der Schöpfung Gottes.

>> Vergleicht die beiden Zeilen des Liedes mit den Fotos!

Die große Flut – ein neuer Anfang

Zeit vergeht, lange Zeit. Gott sieht die Menschen an. Gott sieht: Sie sind böse geworden. Da tut es Gott leid, dass es Menschen gibt. Gott spricht: „Sie sollen verschwinden. Ich will sie vertilgen von der Erde. Ich habe genug von den Menschen." Noah aber hält sich zu Gott. Noah findet Gnade.
Gott spricht zu Noah: „Mache dir einen Kasten aus Holz, ein Schiff, eine Arche. Dichte alles ab mit Pech. Baue drei Stockwerke. Mache eine Tür an der Seite und ein Fenster ins Dach. Noah, ich lasse eine große Flut kommen, die Sintflut über die Erde. Mit dir aber schließe ich einen Bund. Du bist mir recht. Du bleibst am Leben. Nimm von den Tieren immer zwei und bringe sie in die Arche. Nimm deine Frau und deine drei Söhne Sem, Ham, Jafet und die Frauen deiner Söhne. Bringe sie in die Arche hinein. Und sorge für Futter und Essen." Und Noah macht es so. Er baut die Arche. Er geht in die Arche mit allen Tieren und mit seiner Familie.
Und dann nach sieben Tagen kommt die große Flut. Wasser bricht aus der Erde hervor. Wasser von unten, Wasser von oben. Der Himmel zerbricht. Es steigt bis an die Spitzen der Berge. Es schwemmt dahin. Und alles ertrinkt. Tiere und Menschen müssen sterben. Noah aber und all die Seinen, die Tiere in der Arche, sie bleiben am Leben.
Vierzig Tage und vierzig Nächte. Da denkt Gott an Noah. Gott macht der Flut ein Ende. Die Wasser gehen zurück. Die Spitzen der Berge kommen hervor. Da sitzt die Arche fest.
Noah öffnet das Fenster im Dach. Er lässt eine Taube hinaus. Die Taube fliegt. Sie findet nur Wasser und keinen Zweig für ihren Fuß. Sie fliegt zurück. Noah nimmt sie wieder in die Arche hinein. Es ist noch nicht so weit. Und Noah wartet sieben Tage.
Wieder schickt er die Taube. Sie kehrt zurück mit einem Ölzweig. Sie hat einen Baum gefunden.

Und noch einmal wartet Noah sieben Tage. Und noch einmal schickt er die Taube. Diesmal kehrt sie nicht zurück. Da weiß Noah: Die Erde ist trocken.
Da öffnet er die Tür der Arche. Und alle kommen heraus; Vögel und Tiere und Würmer und Menschen. Gott sagt: „Jetzt breitet euch aus. Die nach euch kommen sollen leben. Ich will euch bewahren auf ewig."
Noah dankt Gott. Er bittet Gott: „Sei uns gnädig, Herr." Und Gott ist gnädig. Gott spricht zu Noah: „Ich will keine Sintflut mehr schicken. Das Lebende soll ewig bleiben. Solange die Erde steht, soll nicht aufhören Saat und Ernte, Frost und Hitze, Sommer und Winter, Tag und Nacht."
Und Gott segnet Noah: **„Ich schließe einen Bund mit euch. Und diesen Bund werde ich halten. Ich gebe euch ein Zeichen, ein Zeichen des Bundes. Meinen Bogen in den Wolken, den Bogen des Friedens. Wenn ihr meinen Bogen seht, dann wisst: Ich denke an euch."** *Nach Genesis - 1 Mose 6, 5-9,17*

>> Gott ist der „Ich-bin-da". Woran könnt ihr das in der Erzählung erkennen?

>> Was bedeutet der Bund, den Gott mit Noah schließt?

>> Warum ist der Regenbogen ein passendes Zeichen für Gottes Bund? Denkt an die Erzählung von Noah! Wann ist ein Regenbogen zu sehen?

Leben

Gott schenkt Leben

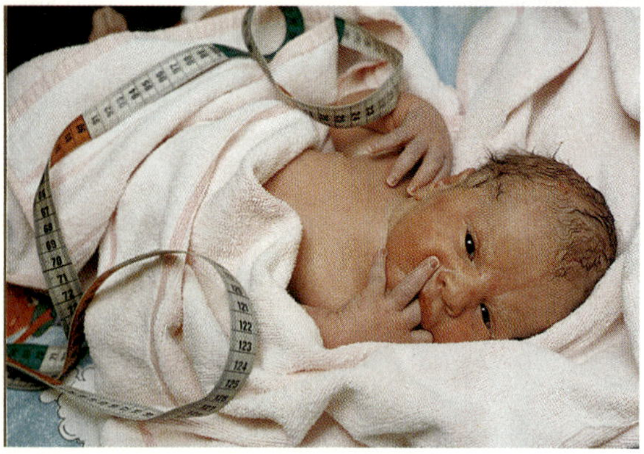

Stationen des Lebens

>> Hier sind nur einige Ereignisse im Leben eines Menschen aufgeführt. Welche wichtigen Stationen fehlen deiner Meinung nach?

>> Gestalte eine eigene Collage!

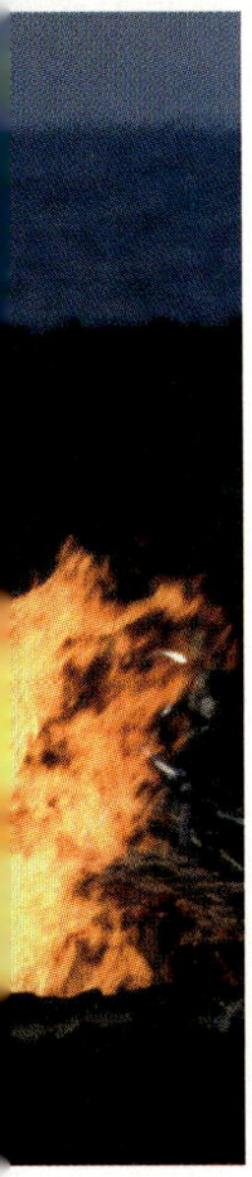

Alles hat seine Zeit

Alles hat seine Stunde.

Für jedes Geschehen unter dem Himmel
gibt es eine bestimmte Zeit:

Eine Zeit zum Gebären und eine Zeit zum Sterben,
eine Zeit zum Pflanzen und
eine Zeit zum Abernten der Pflanzen,
eine Zeit zum Töten und eine Zeit zum Heilen,
eine Zeit zum Niederreißen und
eine Zeit zum Bauen,
eine Zeit zum Weinen und eine Zeit zum Lachen,
eine Zeit für Klage und eine Zeit für Tanz,
eine Zeit zum Steinewerfen und eine Zeit zum Steinesammeln,
eine Zeit zum Umarmen und
eine Zeit, die Umarmung zu lösen,
eine Zeit zum Suchen, eine Zeit zum Verlieren,
eine Zeit zum Behalten und
eine Zeit zum Wegwerfen,
eine Zeit zum Zerreißen und eine Zeit zum Zusammennähen,
eine Zeit zum Schweigen und
eine Zeit zum Reden,
eine Zeit zum Lieben und eine Zeit zum Hassen,
eine Zeit für Krieg und
eine Zeit für Frieden. *Nach Kohelet 3*

>> Was hat der Mensch erlebt, der dies geschrieben hat?
>> Wofür möchtest du in deinem Leben Zeit haben?
>> Kannst du eigene Zeilen schreiben?

Edvard Munch, Die tote Mutter, um 1900

>> Hier ist jemand gestorben.

>> Welche anderen Farben könnte das Bild haben?

>> Gestalte ein eigenes Bild oder eine Vorlage mit Farben.

>> Was denkt das Kind?

Begegnung mit dem Tod

In dem Buch „Abschied von Rune“ stirbt Rune, der Freund und liebste Spielkamerad der kleinen Sara:

„Auf Wiedersehen, Rune“, flüstert Sara als Rune beerdigt wird.

Es vergeht eine Zeit, dann besucht sie mit ihrer Mutter Runes Grab auf dem Friedhof.

Sara und Mama betrachten das Grab und denken an Rune.

„Liegt sein Körper noch da unten?“, fragt Sara.

„Irgendwie schon“, sagt Mama.

„Aber Runes Körper wird nun zu Erde, damit Blumen wachsen können.“

Sara nickt. Sie versteht das, denn auf dem Grab wachsen einige Annemonen. Sie strecken ihre Frühlingsgesichter der Sonne entgegen.

Plötzlich sagt Sara: „Ich will aber, dass Rune wiederkommt, Mama. Ich hab solche Lust mit ihm zu spielen!“...

Sara weint, dass es ihren ganzen Körper schüttelt. „Er soll nicht zur Erde werden. Er soll wiederkommen und hier bleiben.“

Mama hält Sara im Arm und lässt sie weinen.

Hinterher nehmen sie sich an den Händen und gehen spazieren.

Sara pflückt einen Frühlingsstrauß. Sie steckt ihn in ein Glas mit Wasser. Das Glas stellt sie vor den Grabstein, auf dem Runes Name steht. Hübsch sieht das aus.

Es ist ein kleines Geschenk von Sara an Rune. Bevor sie gehen, streicht Sara mit ihrer Hand über den Stein. In der Frühlingssonne ist er ganz warm geworden.

Während sie nach Hause fahren, lächelt Sara ein wenig.

Sie denkt an Rune. *Nach Marit Kaldhol*

>> Wie fühlt sich Sara an Runes Grab?

>> Was macht sie traurig, was tröstet sie?

In unseren Städten gibt es Friedhöfe. Dort sind Gräber. Und in den Gräbern liegen die Toten.

In der Erde. Oft findet man Zeichen über den Gräbern, Zeichen der Hoffnung.

Passion und Ostern

Jesus, eine Krone aus Dornen haben sie
dir geflochten, die römischen Soldaten.
Sie wollen dich damit verspotten.
Sie wollen dich erniedrigen.
Sie wissen nicht, was sie tun.
Eine Krone bleibt eine Krone,
auch wenn sie aus Dornen ist.

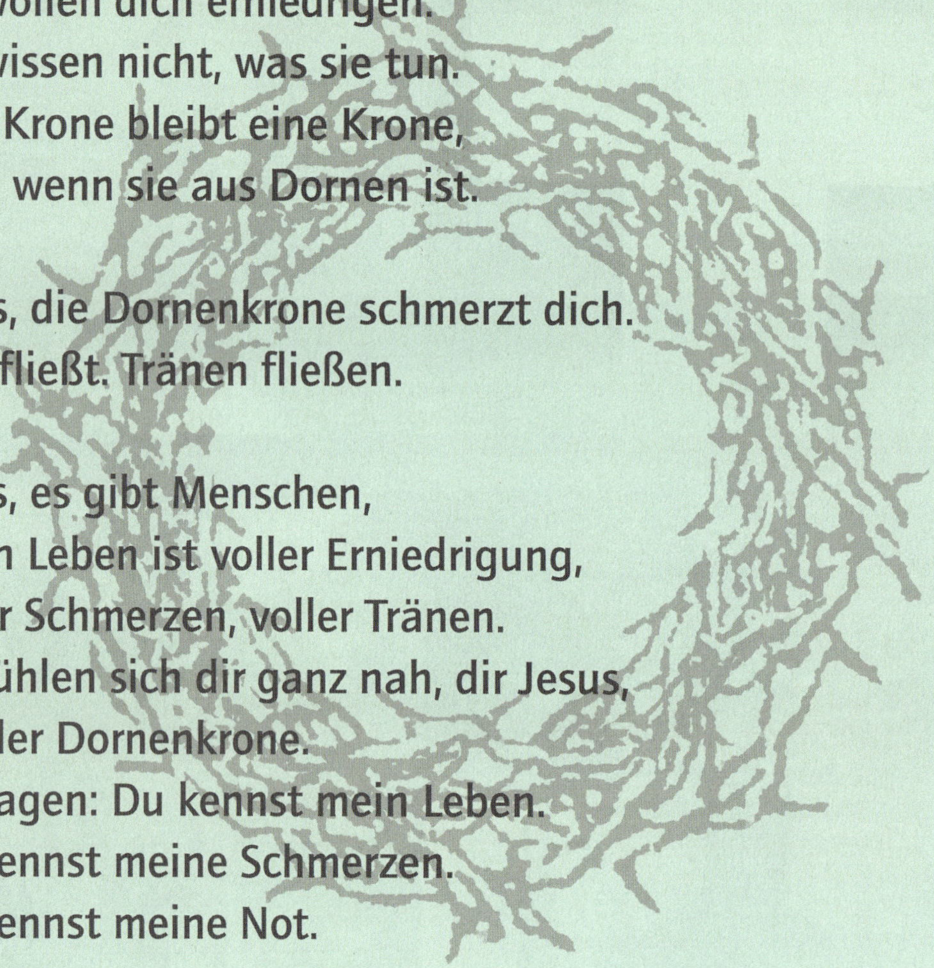

Jesus, die Dornenkrone schmerzt dich.
Blut fließt. Tränen fließen.

Jesus, es gibt Menschen,
deren Leben ist voller Erniedrigung,
voller Schmerzen, voller Tränen.
Sie fühlen sich dir ganz nah, dir Jesus,
mit der Dornenkrone.
Sie sagen: Du kennst mein Leben.
Du kennst meine Schmerzen.
Du kennst meine Not.

Jesus, eine Krone bleibt eine Krone,
auch wenn sie aus Dornen ist.
Sie kann zur Sonnenscheibe werden,
zur Sonne mit dem Kreuz, zum Zeichen für Ostern,
für Hoffnung, für Leben.

Alfred Manessier, Dornenkrone, 1952

>> Kannst du mit Farben gestalten,
wie eine Dornenkrone zur Sonnenscheibe wird?

Lena: An Ostern feiern wir, dass der Tod nicht das Ende bedeutet. Gott gibt uns das Versprechen, dass er für das Leben ist und Leben erhält. Wir dürfen hoffen, dass wir bei Gott leben werden. Diese Nachricht hat sich über die ganze Erde verbreitet. Die Bibel erzählt, wie es anfing, vor 2000 Jahren in Jerusalem ...

Pfingsten

Petrus ist in Jerusalem. Er ist einer der Jünger Jesu. Ihn hatte Jesus als ersten berufen, ihm nachzufolgen.
Außerdem hatte Jesus ihm verkündet: „Auf dir will ich meine Gemeinde bauen."
Manchmal weiß Petrus nicht, wie er über diesen Satz denken soll.
In Jerusalem wird ein großes Erntedankfest gefeiert. Juden aus aller Welt sind gekommen, um gemeinsam zu feiern. Sie füllen die Straßen, reden und rufen durcheinander in den verschiedensten Sprachen.
Wie ein Brausen ist das. Und dann kommt es auch noch wie ein gewaltiger Wind, wie ein Sturm vom Himmel. Und dort, wo Petrus mit den Freunden von Jesus ist, da ist das ganze Haus davon erfüllt. Und Petrus wird erfüllt vom Atem, vom Geist Gottes. Und er läuft hinaus und beginnt zu reden vor all den vielen Menschen aus den vielen Ländern. Laut ruft er: „Jesus! Jesus!" Sie verstehen den Namen. Und sie verstehen auch, als er ruft: „Jesus ist der Herr! Er ist auch euer Herr! Dieser Jesus wurde von den Römern gekreuzigt, aber jetzt ist er lebendig mitten unter uns!" Auch das verstehen sie, die vielen Menschen aus den vielen Ländern. Erstaunt sind sie, auch erschrocken. „Wie kann das nur sein, dass wir diesen Mann aus Galiläa verstehen? Wir sprechen doch ganz verschiedene Sprachen!"
Petrus spricht immer weiter. Er glüht. Die Menschen rufen: „Seht und hört. Er ist ja ganz entflammt!" Und der Funke springt über, auch sie glühen vor Eifer und Begeisterung!
„Petrus, Petrus, was ist das nur?", rufen sie. Es brennt in ihnen.
Es hat sie ins Herz getroffen. Die Stimmen ... das Brausen ... Atem des Lebens ... Geist von Gott ... Wind ... Sturm ... Feuer!
„Petrus, was sollen wir denn tun?"
„Kehrt um! Macht einen neuen Anfang! Lasst euch taufen. Dann gehört ihr zu Jesus, dem Christus.
Dann gehört ihr zu uns, den Christen."
Und viele Juden aus allen Ländern der Welt lassen sich taufen an diesem Pfingsttag.
Und die Botschaft geht hinaus in die Welt.

Nach Apostelgeschichte 2

>> Erkennst du Petrus auf dem Bild? Sein Gesicht „glüht".

>> Erinnerst du dich, was Jesus zu Petrus gesagt hat?

Das Bild zeigt auch: Pfingsten ist ein ökumenisches Fest.
Einige Hinweise: Links oben siehst du die Christusfahne.
Sie trägt die griechischen Anfangsbuchstaben
chi (X) und rho (P) = Chr(istus).
Shalom (hebräisch) und pacem in terris (lateinisch) heißen
„Frieden für die Welt".
Auf dem Buch steht das griechische Wort für Evangelium.

SCHALOM
pacem
in terris
εὐαγγέλιον

Zu Jesus Christus gehören – Leben als Christ

Matthäus erzählt am Ende seines Evangeliums, dass Jesus Christus seinen Jüngern auftrug:

Geht hin zu allen Völkern. Tauft sie im Namen des Vaters und des Sohnes und des heiligen Geistes. Und erzählt ihnen, was ihr von mir über Gott erfahren habt. Ich bin bei euch alle Tage bis an der Welt Ende. *Matthäus 28,19-20*

In der Apostelgeschichte erzählt die Bibel davon, dass die Jünger zu taufen begannen: Pfingsten ließen sich etwa dreitausend Menschen in Jerusalem taufen. Es waren Juden aus vielen Ländern, die nun auch zu Jesus und der Gemeinschaft der Jünger gehören wollten.

Und die Apostelgeschichte erzählt von Taufen einzelner Menschen. So traf Philippus, der ein Jünger Jesu war, auf seinem Weg einen Ausländer. Der war kein Jude und nicht aus Israel, er war der Finanzminister der äthiopischen Königin, der auf der Heimreise in das afrikanische Land war.

Nachdem Philippus ihm von Jesus, seinem Leben und seiner Auferweckung erzählt hatte, sagte der Minister: „Siehe, da ist Wasser. Ich möchte, dass du mich taufst." So taufte Philippus den Minister.

Später tauften die Jünger Menschen in allen Ländern, in denen sie die Botschaft von Jesus Christus, das Evangelium verkündeten.

Zuerst wurden Erwachsene getauft. Sie wollten zu Jesus Christus gehören. Sie tauchten ganz im Wasser unter und als neue Menschen tauchten sie auf. Wie Jesus gestorben und nach drei Tagen vom Tod auferstanden ist, so geht der Täufling zunächst im Wasser unter und kommt zu neuem Leben wieder heraus. Das ist der Anfang des Christseins.

Später baute man Taufbecken in Kirchen und taufte schon Kinder – auch sie sollten schon zu Jesus gehören. Wer getauft ist, der gehört zur Gemeinschaft aller Christen und er gehört zu einer Gemeinde.

>> Bei der Taufe ist das Wasser ein Zeichen: Es kann Leben zerstören und Leben schenken. Findet Beispiele! Was bedeutet das für die Taufe?

>> An welchen Festen erinnern sich Christen in besonderer Weise ihrer Taufe?

In manchen Kirchen werden auch heute nur die Erwachsenen getauft. Sie können selbst sagen: Ja, ich will zu Jesus gehören. Bei uns werden meist schon die kleinen Kinder getauft. Sie können noch nicht selbst sagen, dass sie zu Jesus gehören möchten. Darum sprechen die Eltern und Taufpaten für den Täufling.
Lena ist als kleines Kind im evangelischen Gottesdienst getauft worden. Darum kann sie sich nicht an ihre Taufe erinnern. Aber sie hat Fotos davon.

Das ist Lenas Taufspruch:
(2. Timotheus 1, 7)

„Denn Gott hat uns nicht gegeben den Geist der Furcht, sondern der Kraft und der Liebe und der Besonnenheit."

>> Vielleicht kannst du Fotos von deiner Taufe, deine Taufbescheinigung, deine Taufkerze mitbringen.

>> Weißt du etwas über deine Taufe?
Was ist dein Taufspruch? Wer sind deine Taufpaten?
Wo und wann und von wem bist du getauft worden?

>> Manche Eltern lassen ihre Kinder nicht taufen. Was können diese Kinder später selbst tun?

Liebe zum Gesetz – Leben als Jude

Chana:

Für unser Leben als Juden ist die Liebe zum Gesetz Gottes wichtig. Am Fest Schawuot erinnern wir uns an den Bund, den Gott mit uns geschlossen hat. Wir danken Gott für das, was er uns geschenkt hat und schenkt. Besonders danken wir ihm für die Gebote der Tora, die er dem Volk Israel am Berg Sinai gegeben hat, als es durch die Wüste in das versprochene Land zog. Deswegen lesen und lernen wir am Vorabend von Schawuot aus der Tora.

Viele Juden treffen sich dazu auch in der Synagoge und lesen und beten die ganze Nacht bis zum Morgen.

Dieser Brauch entstand, weil in einer Überlieferung erzählt wird, die Israeliten hätten die Übergabe der Gesetze fast verschlafen und Mose hätte sie immer wieder wecken müssen.

Die Synagoge ist mit prächtigen Blumen geschmückt. So soll auch der Berg Sinai voller blühender Pflanzen gestanden haben, als die Israeliten die Gebote empfingen. Auch unser Haus wird mit Zweigen und Blumen festlich geschmückt.

Auch das Schawuotessen erinnert uns an die Tora. Milch spielt bei den Schawuotrezepten eine besondere Rolle. Denn so wie ein neugeborenes Baby die Milch braucht, brauchen wir die Tora.

Murat:

Was meinst du damit?

Großen Frieden haben die, die dein Gesetz lieben.

Psalm 119, 165

Ein Völkchen ohne Bedeutung

Vor langer, langer Zeit hatten die Menschen keine Gesetze. Jeder tat einfach das, was er oder sie selbst gerade gut fand. Gott sah, dass es nicht so gut war, und beschloss, den Menschen sein Gesetz zu geben. Aber Gott wollte den Menschen sein Gesetz nicht aufzwingen, sie müssten es selbst wollen. Von einem Gesetz, das dir aufgezwungen wird, hast du nichts, fand Gott. Eigentlich sah Gott das Wort Gesetz auch als kein so schönes Wort an, es klang so nach Pflicht, als ob darin nur Dinge ständen, die man tun muss. Gottes Gesetz war eher ein Hilfsmittel oder ein Wegweiser, der die Richtung anzeigt, oder ein Zäunchen am Abgrund – also eher etwas, von dem du etwas hast, das dir nutzt.

Das erste Volk, das Gott fragte, ob es sein Gesetz haben wolle, antwortete: „Vielleicht ja. Hängt davon ab, was drin steht."

„Nun, zum Beispiel: Schlage niemanden tot!", sagte Gott. Aber so ein Gesetz wollte das Volk nicht. „O nein!", riefen sie laut. „Das ist nichts für uns, wir leben vom Schwert." Und Gott ging weiter mit seinem Gesetz. „Na, dann nicht", dachte er.

Das nächste Volk, dem Gott sein Gesetz anbot, wollte wissen: „Was steht denn da drin? – eeh – es ist doch wohl umsonst, oder?"

„Es steht zum Beispiel drin: Du sollst nicht stehlen", sagte Gott. Damit könnten sie nichts anfangen, meinten die Menschen und lehnten Gottes Gesetz ab.

So ging Gott zu allen Völkern, die auf der Erde wohnten, und kein einziges wollte sein Gesetz.

Schließlich kam Gott zum letzten Völkchen, Israel. Es war ein unbedeutendes Völkchen, es war eigentlich nicht mehr als ein Haufen entflohener Sklaven aus Ägypten, der ziellos durch die Wüste irrte.

„Wollt ihr mein Gesetz vielleicht?", fragte Gott ein wenig zögernd nach all den Zurückweisungen.

Und ohne eine einzige Rückfrage oder ein Zögern antwortete Israel: „Gerne, was auch darin stehen mag! Und wir werden alles so gut wie möglich tun."

Begeistert und fröhlich sagte Gott: „Kommt dann alle zusammen zum Berg Sinai, dann machen wir daraus ein großes Fest. Und auf dem Gipfel des Berges gebe ich Mose, eurem Anführer, mein Gesetz."

>> Kannst du Murats Frage beantworten?

Hingabe an Gott – Leben als Muslim

Murat: Unser größtes Fest ist das Opferfest.
Ibrahim erhielt in einem Traum den Auftrag: Du sollst deinen Sohn Ismael töten. Du sollst ihn opfern.

Lena: Was heißt das?

Murat: Ibrahim sollte Gott das geben, was ihm in seinem Leben am liebsten war. Seinen Sohn, auf den er so lange gewartet hatte.

Lena: Und hat er das getan?

Murat: Ibrahim hat mit Ismael gesprochen. Sie haben beschlossen, Gott zu vertrauen, ihm gehorsam zu sein und zu tun, was er gesagt hatte. Also nahm Ibrahim ein Messer und ging mit Ismael an den Ort, an dem er geopfert werden sollte. Doch da sprach Gott zu ihm: „Töte ihn nicht! Du hast meinen Willen schon erfüllt."

Lena: Was ist damit gemeint?

Murat: Im Koran heißt es, dass Gott sehen wollte: Wen liebt Ibrahim mehr, mich oder seinen Sohn? Es war eine Prüfung *(Sure 37, 106)*. Gott wollte, dass Ismael lebt. Also brachte ein Engel einen Widder, den Ibrahim opferte, anstelle seines Sohnes.

Chana: Und wie wird das Opferfest gefeiert?

Murat: In vielen Ländern opfert man beim Opferfest auch heute noch ein Lamm oder ein anderes Tier. Das Fleisch der Tiere wird an Freunde und Bekannte verschenkt und oft auch an arme Menschen.

In meiner Familie begehen wir das Opferfest mit einem feierlichen Essen. Meine Mutter achtet beim Kauf des Fleisches darauf, dass es sehr frisch ist. Und auch wir laden Verwandte zu uns ein, mit denen wir das Festessen teilen.

>> Die Religion der Muslime heißt „Islam". Das arabische Wort bedeutet übersetzt „Hingabe an Gott". Warum ist das Opferfest für Muslime das höchste Fest?

>> Christen, Juden und Muslimen ist im Glauben und Leben jeweils Besonderes wichtig. Das feiern sie mit eigenen Festen. Was ist ihnen dabei gemeinsam und was feiern sie gemeinsam?

>> Wie stellt ihr euch eine gemeinsame Feier der drei Religionen vor? Ein mögliches Thema könnte sein: „Gott – der Freund des Lebens".

Gott aller Menschen – Jona lernt

Ich rief zu dem Herrn in meiner Angst
und er antwortete mir.
Ich schrie aus dem Rachen des Todes
und du hörtest meine Stimme.
Du warfest mich in die Tiefe, mitten ins Meer,
dass die Fluten mich umgaben.
All deine Wogen und Wellen gingen über mich,
dass ich dachte, ich wäre von deinen Augen verstoßen.
Wasser umgaben mich und gingen mir ans Leben,
die Tiefe umringte mich, Schilf bedeckte mein Haupt.
Ich sank hinunter zu der Berge Gründen,
der Erde Riegel schlossen sich hinter mir.
Aber du hast mein Leben aus dem Verderben geführt.
Als meine Seele in mir verzagte,
gedachte ich an den Herrn
und mein Gebet kam zu dir.

Aus Jona 2

Dies ist ein Gebet von Jona, dem Propheten.
Es erzählt von Todesangst und Errettung.

>> Erzählt mit eigenen Worten, was Jona erlebt hat.

>> Gestaltet eine Collage zu Jonas Gebet.

Aber wie war Jona eigentlich in die Tiefen des Meeres gekommen? Davon erzählt das Buch Jona im Alten Testament.

In Israel ergeht Gottes Ruf an den Propheten Jona:
„Jona, mach dich auf nach Ninive. Verkündige dort, dass ich ihre Bosheit nicht mehr ertragen kann. Ninive wird untergehen."
Jona macht sich auf den Weg, aber nicht nach Ninive. Er flieht, er will weit weg von Gott und seinem Auftrag und weit weg von Ninive. Also schlägt er die entgegengesetzte Richtung ein und findet ein Schiff, das ins weit entfernte Tarsis fahren sollte. Aber das Schiff gerät in einen schweren Sturm und droht in den Wellen unterzugehen.
Die Seeleute kämpfen ums Überleben. Sie werfen die Ladung über Bord, um das Schiff leichter zu machen. Jeder ruft seinen Gott an, auf dass er sie rette. Sie werfen das Los, um einen Schuldigen für ihre Lage zu finden.
Das Los trifft Jona. Da erzählt Jona ihnen von seiner Flucht vor Gottes Auftrag und schlägt vor, dass die Matrosen ihn über Bord werfen.
Die Seeleute zögern. Erst als sie sich im Unwetter nicht mehr anders zu helfen wissen, werfen sie Jona ins Meer. Sofort legt sich der Sturm und das Meer wird still.

Und Jona?
Von einem Fisch verschlungen betet er in der Tiefe des Meeres zu Gott und wird errettet.
Gott gibt Jona eine neue Chance.

Gott aller Menschen – Jona lernt

Als Gott seinen Auftrag wiederholt, läuft Jona nicht mehr weg.

Er geht nach Ninive und ruft: „Noch 40 Tage, dann wird Ninive untergehen!"

Da glauben die Menschen in Ninive an Gott. Sie fasten und ziehen Säcke an, als Zeichen der Reue über die Schuld, die sie auf sich geladen haben. Selbst der König von Ninive tut Buße.
Er legt seinen Königsmantel ab und hüllt sich in einen Sack und setzt sich aus Trauer in Asche.
Er befiehlt seinem Volk:

„Keiner soll Nahrung zu sich nehmen, auch die Tiere soll man nicht weiden und Wasser trinken lassen.

Alle sollen umkehren, Gott anrufen und sich vom Bösen abwenden. Vielleicht kehrt dann auch Gott um und lässt uns nicht umkommen."

Als Gott sieht, wie sich die Menschen in Ninive bekehren von ihren bösen Wegen, hat er Mitleid mit ihnen und tut ihnen nichts.

Ninive bekommt eine neue Chance. Grund zur Freude.

Aber was ist mit Jona?

Jona ist wütend und spricht zu Gott: „Das habe ich mir von Anfang an gedacht und deswegen wollte ich auch nach Tarsis fliehen. Ich wusste, dass du ein gnädiger und

barmherziger Gott bist und sogar dem Bösen gegenüber Mitleid hast."

Gott fragt Jona: „Meinst du, dass du mit Recht so zornig bist?"

Doch Jona antwortet nicht. Er setzt sich in der Nähe von Ninive in der glühenden Sonne nieder und beobachtet, was mit der Stadt geschieht.

Da lässt Gott eine Staude mit großen Blättern über Jona emporwachsen, die ihm Schatten geben und seinen Zorn vertreiben soll. Jona freut sich sehr darüber. Aber am nächsten Morgen lässt Gott die Staude verdorren.

Die Sonne brennt furchtbar auf Jonas Kopf.

Da spricht er: „Ich möchte lieber tot sein als leben."

Da spricht Gott zu ihm: „Meinst du, dass du mit Recht wegen der Staude zornig bist?"

Jona antwortet: „Ja, mit Recht bin ich zornig."

Darauf erwidert Gott: „Du leidest wegen einer Staude, um die du dich nicht gemüht hast, die du nicht aufgezogen hast in einer Nacht und die einging in der nächsten Nacht. Und da soll ich nicht Mitleid haben mit Ninive, einer großen Stadt, in der mehr als 120.000 Menschen leben, die nicht unterscheiden können zwischen rechts und links, und außerdem so viele Tiere?"

Aus Jona 1.3-4

Mit dieser Frage endet das Buch Jona.
Die Geschichte, die es erzählt, ist kein Tatsachenbericht.
Es ist eine Lerngeschichte.
Sie öffnet die Augen für Gott und für uns.

>> Sprecht darüber.

>> Schreibt einen Text: Jona lernt von Gott ...

Oikoumene

Gemeinsam in die Zukunft

Freundschaft und Streit

Rote Karte für Ben

Ben nimmt geschickt den Ball auf, sieht das Tor und schießt …

„Tooor!" Flo, David und Justus jubeln und klopfen ihm auf den Rücken. „Astrein!"– „Cool, Mann!"– „Klasse getäuscht!" Ben grinst. „Kleinigkeit! …"

Zwei zu eins führt nun die Schillerstraße gegen die Ewaldistraße. Die Schillerstraße, das sind Bens Freunde. Sie spielen schon Jahre zusammen Fußball.

Ewaldistraße, das sind die Jungs aus der Neubausiedlung. Sie waren plötzlich da und wollen jetzt auch immer auf dem Fußballplatz neben der Schule spielen. „Der Platz gehört uns!", hatte Ben beschlossen und die Ewaldileute herausgefordert. „Gewinnt ihr, dürft ihr hier spielen. Gewinnen wir, dann lasst euch hier bloß nicht mehr blicken."

„Abgemacht", sagte die Ewaldistraße.

Zwei zu eins führt nun die Schillerstraße. Vincent, der Mannschaftskapitän der Ewaldistraße schimpft: „Ihr müsst Ben besser decken. Lasst den Angriff Micha und mich machen." Die anderen nicken und verändern ihre Aufstellung.

Wieder greift die Schillerstraße an: direkt aus der Mitte, aber diesmal kommt der Ball nicht zu Ben. Paulo, der kleine Verteidiger der Ewaldistraße, wirft sich dazwischen. Als Vincent, der Kapitän der Ewaldistraße, eine Chance wittert, schießt er – und

Ramon, der Torwart, hat keine Chance. Neuer Spielstand: Zwei zu Zwei.

Die Jungen der Schillerstraße schimpfen. Irgendjemand sagt „Dumme Nuss" zu Ramon. Ben und die anderen der Schillerstraße gehen nervös auf ihre Positionen. Das Spiel wird härter. Immer wieder wird es brenzlig vor dem Tor der Schillerstraße. Ben brüllt: „Decken! Wo seid ihr denn nur?" Vincent kämpft sich immer wieder weit nach vorn. Er dreht sich zum Schuss in die richtige Position, holt mit dem rechten Bein weit aus und ... „Foul!", schreit Micha entsetzt. Vincent liegt stöhnend am Boden. „Der hat mir vors Schienbein getreten", sagt er und deutet auf Ben. „Ist selbst schuld, wenn er nicht aufpasst ... !", ruft Ben. David und Justus schauen auf ihre Füße.

Sie wollen Ben nicht in die Augen sehen und auch den anderen nicht. Sie kennen Ben und wissen, dass er auf keinen Fall verlieren will und dafür auch vor unfairen Attacken nicht zurückschreckt.

Ein paar Tage später wird das Spiel fortgesetzt. Herr Jung, der neben der Schule wohnt, hat eingewilligt, Schiedsrichter zu sein.

Beim Zwei zu Zwei vom ersten Spiel wird weitergemacht. Alle sind nervös, alle spielen unkonzentriert. Das Zusammenspiel klappt einfach nicht. Ben beginnt wieder zu foulen. Als Ersten erwischt er den kleinen Ruben mit einer Grätsche. Nach einem Kopfballduell geht Paulo zu Boden. Die Ewaldistraße spielt vorsichtiger. Ihr Spiel wird schlechter. Jetzt wittert die Schillerstraße ihre Chance. Flo erwischt den Ball, rennt los, bis kurz vors Tor, schießt. Aber Moritz wirft sich ihm mutig entgegen, hält den Ball sicher mit beiden Händen, und bleibt vor Bens Füßen liegen. Und Ben tritt zu. Vor Wut tritt er zu. Einmal, zweimal – gegen Moritz' Bauch. Entsetzt und wie gelähmt sehen die anderen ihren Kapitän ein weiteres Mal zutreten.

Moritz schreit. Da endlich kommt Bewegung in David und Justus. Sie laufen hinzu und reißen Ben zurück. „Hör auf!", brüllt Flo.

Herr Jung pfeift. „Gelbe Karte, beim nächsten Foul gehst du sofort vom Platz. Abstoß vom Tor!"

Es gibt keinen Abstoß mehr. „Stopp, so nicht. Mit euch von der Schillerstraße spielen wir nicht mehr. Ihr spielt brutal und unfair. Wollt ihr wirklich mit einem spielen, der einen wehrlosen Torwart tritt?!"

Paulo schaut die anderen der Schillerstraße erwartungsvoll an. Die schweigen. Die Schillerstraße schweigt. Ben schaut in die Runde, aber alle weichen seinem Blick aus. Herr Jung zuckt mit den Schultern. „Tja, das müsst ihr jetzt wissen ..."

>> Wie entscheiden sich die Kinder der Schillerstraße?

Diskutiert in 2 Gruppen.
Eine Gruppe setzt sich dafür ein, dass Ben weiterspielen darf.
Die andere setzt sich dafür ein, dass Ben vom Platz gewiesen wird.
Trefft eine Einigung – Verabredung.

So kann es gelingen – die Zehn Gebote

Nicht nur beim Fußball gibt es Regeln dafür, wie man miteinander umgeht.

Ehre Vater und Mutter!

Töte nicht!

Stehle nicht!

Breche nicht die Ehe!

Lüge nicht!

Begehre nicht deines Nächsten Frau!

Begehre nicht deines Nächsten Hab und Gut!

Die Bibel erzählt, dass Gott Zehn Worte zu Mose sprach, nachdem Israel aus Ägypten befreit worden waren. Mose meißelte sie in zwei Steinplatten ein und übergab sie dem Volk Israel. Sie werden die Zehn Gebote genannt.

Habe keine anderen Götter neben mir!

Missbrauche meinen Namen nicht!

Gedenke, dass du den Sabbat heiligst!

Zu der Zeit, als Jesus lebte, gab es noch weitere Gebote und Verbote, insgesamt 613, an die sich die Juden halten sollten. Eines Tages wurde Jesus gefragt: „Welches Gebot ist das wichtigste von allen?"
Er antwortete:

„Du sollst den Herrn, deinen Gott, lieben mit ganzem Herzen, mit ganzer Seele und mit all deinen Gedanken.
Das ist das wichtigste und erste Gebot.
Ebenso wichtig ist das zweite:
Du sollst deinen Nächsten lieben wie dich selbst."

»

Was mit diesem ersten Gebot gemeint ist, könnt ihr an einem Gleichnis entdecken, das Jesus erzählt hat. Sicher kennt ihr die Geschichte vom „Barmherzigen Samariter". Ihr könnt sie im Buch 1-2 nachlesen.

Verantwortung übernehmen

Der Mann auf der Bank

Die Kinder stürzen in Haus. „Mensch!", sagt Janne. „So kalt war es noch nie!"
Tom drückt den Fausthandschuh auf seine eisige Nase. In der Wohnung riecht es nach Kartoffelpuffern. „Prima! ", sagt Janne. Sie legen ihre Wintersachen ab - Mäntel, Jacken, Pullover - und drücken sich an die Heizung.
„Drüben sitzt einer auf der Bank", sagt Tom.
„Wo?", fragt die Mutter. Sie gießt Kaffee durch den Filter.
„Drüben", sagt Tom. „In dem kleinen Park."
„Bei der Kälte!", sagt Janne. „Ein Mann."
Der Vater stellt die Teller auf den Tisch. „Der sitzt bestimmt nicht mehr lange da", sagt er. „Der geht schon weg, bevor er sich den Hintern abfriert."
Tom lacht. Oma lässt die Zeitung sinken.
„Und wenn er nicht weiß, wo er hin soll?"
„Wir essen", sagt die Mutter. Sie bringt die Platte mit den Kartoffelpuffern.
Die Kinder gucken den Vater an. „In unserem Land", sagt der Vater, „braucht keiner zu hungern und zu frieren. Es gibt Organisationen für alles." „Was ist das?", fragt Janne. „Organisationen?"
„Organisationen sind Verbände", sagt die Mutter, „die in Not geratenen Menschen helfen. Esst jetzt, die Kartoffelpuffer werden kalt."
„Wenn es einem schlecht geht, dann kann er sich an die Fürsorge wenden", sagt der Vater. „Oder an die Caritas. Wenn er krank ist, kann er sich in ein Krankenhaus legen. Wenn er Probleme hat, kann er die Telefonseelsorge anrufen. Und wenn er keine Wohnung hat, kann er zur Bahnhofsmission gehen oder in ein Obdachlosenasyl. Klar?"
„Ja", sagt Janne.

Die Oma legt die Gabel mit dem aufgespießten Kartoffelpufferstück wieder hin. „Und weil wir so viele Organisationen haben", sagt sie, „darum geht es den Menschen so mies." „Wieso?", fragt Tom mit vollem Mund. „Weil sich einer nicht mehr um den anderen kümmert", sagt die Oma. „Weil wir die, die Hilfe brauchen, abschieben. An öffentliche Einrichtung. An Organisationen. Es ist ja gut, dass es da alles gibt, das Rote Kreuz und die Alkoholikerfürsorge, die Eheberatung, die Telefonseelsorge und wie das so heißt. Nur dürfen wir nicht denken, dass wir damit aufhören, für unsere Mitmenschen verantwortlich zu sein."
„Wie können wir verantwortlich sein für all das viele Elend auf der Welt?", fragt die Mutter. Sie hat nun auch aufgehört zu essen.
„Die Antwort ist einfach", sagt die Oma. „Wenn jeder da hilft, wo er gerade mit der Nase draufgestoßen wird, dann schrumpft das Elend auf der Welt schon erheblich zusammen."

„Wir hätten uns um den kümmern müssen", sagt Tom. „Nicht wahr? Um den auf der Bank."
„Und wir haben bloß blöd geguckt", sagt Janne.
„Vielleicht hat er nicht gewusst, wo die Fürsorge ist", sagt Tom. „Oder er hat nicht hingehen wollen." „Vielleicht war er krank und hat keinen Krankenschein gehabt", sagt Janne.
„Vielleicht war er so traurig, dass er gar nicht reden konnte. Auch nicht mit der Telefonseelsorge", sagt Tom.
„Du wirst die Kinder noch so weit bringen, dass sie uns jeden Penner ins Haus schleppen", sagt der Vater.

>> Um welche Gebote geht es in der Geschichte „Der Mann auf der Bank"?
>> Warum haben auch diese Gebote mit der Geschichte zu tun:
Töte nicht! – Stehle nicht!

Die zwei Seiten einer Münze ...

>> Was könnte auf der Rückseite der Medaille „Stehle nicht!" stehen?
>> Wie stellst du dir eine Welt vor, in der die Gebote gehalten werden?
>> Mit welchem Ziel halten sich Menschen an diese Gebote?

Gebote – Rechte – Gerechtigkeit?

Gebote für Kinder in der ganzen Welt
Rechte für Kinder in der ganzen Welt

Ich heiße **Nelia** und lebe in Brasilien. Ich habe keine Eltern mehr und wohne bei Leuten, die sich um Waisenkinder kümmern. Die Leute sind sehr nett. Tagsüber gehe ich in die Schule. Dort bekomme ich auch immer zu essen. Die Hauptsache ist, dass ich keinen Hunger mehr habe.

Ich heiße **Kufuna**, bin 15 Jahre alt und lebe mit meinen 4 jüngeren Geschwistern in einem Flüchtlingslager in Sambia. Im Kongo, meiner Heimat, herrscht Krieg und ich bin von dort geflohen, weil ich Angst vor der Zerstörung und der Gewalt hatte. In meinem Flüchtlingslager leben fast 20.000 Menschen in Zelten, wenige wohnen in Steinhäusern. Für uns Kinder gibt es seit kurzem auch eine Schule. Vorher konnte ich nie zur Schule gehen. Lernen macht mir großen Spaß!

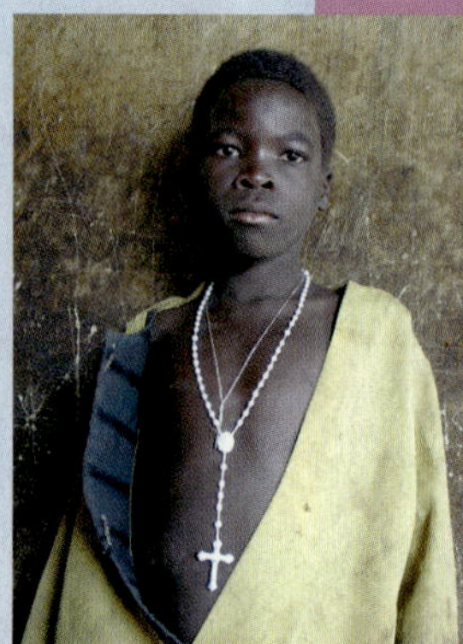

Ich heiße **Carlos Barrera** und bin dreizehn Jahre alt. Ich lebe in Kolumbien im Dorf Gameza. Zusammen mit meinem Vater arbeite ich tief im Stollen. Zehn Stunden am Tag stehen wir im schwarzen Staub. Manchmal habe ich einen Tag Pause und dann darf ich in die Schule.

Gerechtigkeit für Kinder in der ganzen Welt?

Ich heiße **Tim**, bin 9 Jahre alt und lebe mit meiner Mutter und meinen 2 Schwestern in Deutschland. Als ich fünf war, verlor meine Mutter ihre Arbeit. Wir sind in eine kleine Wohnung gezogen und ich konnte nicht mehr in den Kindergarten gehen, denn das konnten wir uns nicht leisten. Ich habe nicht so schöne Anziehsachen und nicht so tolles Spielzeug wie die anderen Kinder meiner Klasse. Aber ich sage immer, dass ich so etwas nicht brauche, damit Mama nicht traurig ist.

Ich heiße **Kweku** und komme aus Kamerun, einem Land in Afrika. Mit meinen Freunden baue ich aus Abfall kleine Spielzeugautos, mit denen wir dann Rennen fahren. Meine Autos sind meistens die schnellsten. Das finde ich richtig gut. Mein Dorf hat keine Kirche, dafür einen sehr alten und großen Baum. Unter dem feiern wir Gottesdienst. In den Liedern danken wir Jesus dafür, dass er auch für die armen Menschen da ist.

Ich heiße **Vijay**, bin acht Jahre alt und lebe in Indien. Als ich fünf Jahre alt war, kam ein Mann in unser Dorf. Er kaufte mich von meinen Eltern. Sie weinten, als ich ging; aber wir sind so arm, dass wir nicht genug zu Essen hatten. Von morgens bis abends sitze ich am Webstuhl und knüpfe Faden um Faden. Zu essen bekomme ich wenig und Geld auch nicht.

Gerechtigkeit weltweit

Murat: Ist das nicht eine seltsame Vorstellung? Nicht zur Schule gehen zu können? Es ist doch ungerecht, dass andere Kinder nicht lernen dürfen wie wir. Und das nur, weil sie arm sind.

Lena: Du hast recht. Und ich finde, dass wir nicht einfach so tun dürfen, als ginge uns das nichts an. Ich habe nur manchmal das Gefühl, dass ich gar nichts gegen diese Ungerechtigkeit tun kann.

Chana: Meine Eltern sagen auch, dass wir nicht nur für uns selbst, sondern auch für andere verantwortlich sind. Wir haben ein Patenkind in Äthiopien, für das wir jeden Monat ein bisschen Geld an eine Hilfsorganisation überweisen. Dafür kann das Kind in die Schule gehen und bekommt jeden Tag etwas zu essen.

Lena: Meine Eltern kaufen faire Lebensmittel. Das ist zum Beispiel Kaffee oder Schokolade, an dem die Bauern mehr verdienen, weil man ihnen für die Kaffee- oder Kakaobohnen einen gerechten Preis zahlt.

Murat: Wo kann man denn faire Lebensmittel kaufen?

Lena: Die kann man unter anderem im „Weltladen" kaufen. Du findest sie oft in der Nähe von evangelischen oder katholischen Kirchen. Christen haben sich zusammengetan und Geschäfte eröffnet, in denen man Waren kaufen kann, an denen auch arme Menschen verdienen und nicht nur diejenigen, die sowieso schon reich sind.

gepa Fair Handelshaus

TRANSFAIR FAIRTRADE

Inzwischen findest du faire Lebensmittel auch in manchen Supermärkten. Man kann sie an entsprechenden Zeichen erkennen.

Das ist Sanjo aus Peru. Sanjos Eltern pflanzen Kakao an und ernten, verarbeiten, trocknen und verkaufen die Kakaobohnen. Das ist viel Arbeit und daher ist Sanjos Familie fast den ganzen Tag auf der Plantage. Trotzdem hat sich die viele Mühe in den letzten Jahren nie richtig gelohnt. Die Händler, die ihnen früher den Kakao abkauften, bezahlten nur sehr wenig Geld. Die Händler haben dafür umso mehr Gewinn gemacht, wenn sie den Kakao weiterverkauften. Sanjos Familie hatte jedoch nie genug Geld zum Leben und musste sogar Schulden machen.
Vor über einem Jahr kamen neue Händler in Sanjos Dorf. Sie zahlen für die Ernte einen fairen Preis, mehr als das Doppelte vom früheren Kaufpreis.
Seitdem haben Sanjos Eltern genügend Geld und Sanjo muss nicht mehr jeden Tag auf der Plantage arbeiten. Er darf jetzt sogar in die Schule gehen.

>> Wo kann man in eurer Stadt faire Lebensmittel kaufen?

>> Was könnt ihr außerdem gegen Ungerechtigkeit tun?

Erinnern für die Zukunft

Chana: Dieser Brunnen heißt „Löwenbrunnen" und erinnert daran, dass hier einmal eine jüdische Schule stand.

Lena: Eine jüdische Schule? Und warum gibt es diese Schule nicht mehr?

Chana: Sie wurde 1941 von den Nationalsozialisten zerstört. Die Nationalsozialisten regierten damals das Land. Ihr „Führer" war Adolf Hitler. Nicht nur jüdische Schulen wurden zerstört, auch die Synagogen wurden angezündet. Geschäfte, die jüdischen Kaufleuten gehörten, ebenfalls.

Murat: Guckt mal, hier stehen ganz viele Namen.

Chana: Das sind die Namen von Menschen, die deportiert worden sind. Das heißt, man hat sie in Lager gebracht, dort mussten sie hart arbeiten. Fast alle wurden dort auch umgebracht. Darunter waren auch viele Schüler und Lehrer der Schule und Waisenkinder, die ebenfalls hier untergebracht waren.

Lena: Aber das sind doch bestimmt 1000 Namen!

Chana: Und das ist nur ein Bruchteil, Lena! Alle Juden sollten getötet werden!

Juden erhalten keine Eier mehr.

Der Besuch von Kinos, Theater, Oper und Konzerten wird Juden verboten.

Juden werden aus Sport- und Turn-Vereinen ausgeschlossen.

Wanderung jüdischer Gruppen von mehr als zwanzig Personen sind verboten.

1933 wurde Adolf Hitler Kanzler des Deutschen Reiches und errichtete eine Diktatur, also einen Staat, in dem nur noch eine Partei regierte, die Nationalsozialistische Partei. Andere Parteien wurden verboten.
Noch im gleichen Jahr erließen die Nationalsozialisten Gesetze, die den Juden viele Rechte nahmen.
Am 9. November 1938 wurden im ganzen Reich Synagogen, jüdische Geschäfte und auch Wohnungen angezündet und zerstört.
Man nennt diese Nacht Pogromnacht.
Mit dem deutschen Überfall auf Polen begann 1939 der 2. Weltkrieg.
Ab 1941 wurden Juden in sogenannte Konzentrationslager gebracht und ermordet.
6 Millionen Menschen wurden zwischen 1939 und 1945 getötet, nur weil sie jüdischer Herkunft waren.
Die Verfolgung und Ermordung der Juden im Dritten Reich nennt man Shoa. Shoa ist Hebräisch und heißt Zerstörung oder große Katastrophe.

Inge Auerbacher ist Jüdin und will nicht, dass die Menschen vergessen, welches Unrecht geschehen ist. In dem Buch „Ich bin ein Stern" erzählt sie von ihrer Kindheit im nationalsozialistischen Deutschland:
Jüdische Kinder durften normale Schulen nicht mehr besuchen. Ich musste zu Fuß drei Kilometer nach Göppingen gehen und dann eine Stunde mit dem Zug nach Stuttgart fahren. Das war die einzige jüdische Schule in der Gegend. Für diese Fahrt brauchte ich eine Sondererlaubnis, denn Juden durften sich nicht mehr frei bewegen.
Die Fahrt zur Schule wurde noch gefährlicher, als ab dem 1. September 1941 alle Juden den gelben Davidsstern als Kennzeichen an ihrer Kleidung tragen mussten. Auf dem Stern stand das Wort „Jude" in nachgemachten hebräischen Buchstaben. Papa sagte mir, ich solle mich im Zug so hinsetzen, dass ich wie zufällig den gelben Stern verdeckte, obwohl es streng verboten war, das „Zeichen der Schande" zu verbergen. Das gelang mir nicht immer und die anderen Kinder verhöhnten und piesackten mich. Einigen Menschen tat ich jedoch leid. Eines Tages ließ eine Frau eine Tüte mit Brötchen neben meinem Sitz liegen.
Sie muss Mitleid mit dem kleinen, sechsjährigen jüdischen Mädchen gehabt haben, das ganz allein eine so lange Fahrt zurücklegen musste.

Lena: Mitleid? Ist das alles? Warum hat niemand gefragt, wohin die jüdischen Kinder plötzlich verschwunden sind, als sie nicht mehr in die Schulen kamen?

Chana: Oder nach den Nachbarn, die ebenso plötzlich nicht mehr da waren, weil sie abgeholt worden waren oder geflohen sind?

Lena: Hat denn niemand etwas getan? Haben denn auch die Christen nichts unternommen? Hat sich denn die Kirche nicht auf die Seite der Juden gestellt?

Chana: Viele haben gemeint, es ginge sie nichts an, was mit den Juden geschieht. Und auch die Kirche hat so gedacht.

Lena: Aber Jesus war doch auch Jude!

Erinnern für die Zukunft

Chana: Es gab einzelne Männer und Frauen, die Juden geholfen haben.

Auch Inge Deutschkron hat ihre Erlebnisse aus dieser Zeit in einem Buch aufgeschrieben. Sie möchte, dass man sich an Otto Weidt erinnert. Damals nannten ihn alle Papa Weidt. Vielleicht findet ihr heraus wieso.

Papa Weidt konnte nur sehr schlecht sehen. Er war kein Jude. Aber er war gegen die Nationalsozialisten. Er kannte viele einflussreiche Leute und war sehr listig. So erreichte er, dass viele Juden in seiner Werkstatt für Blinde arbeiten und Besen und Bürsten herstellen durften. Ansonsten hätten sie eine viel härtere oder gar gefährliche Arbeit zugewiesen bekommen oder wären in Konzentrationslagern umgekommen.

Manchmal tauschte Papa Weidt einige Besen und Bürsten gegen Fleisch und Wein ein und veranstaltete für seine jüdischen Arbeiter ein kleines Fest. Er wollte, dass sie für ein paar Stunden ihre Sorgen vergaßen und fröhlich waren.

Als immer mehr Juden aus ihren Wohnungen vertrieben und in Lager gebracht wurden, half er seinen Arbeitern, indem er einige von ihnen – darunter auch Inge Deutschkron – versteckte oder Medikamente ins Lager schmuggelte. Damit brachte er sich selbst in große Gefahr, denn die Nationalsozialisten bestraften Menschen, die Juden halfen, hart.

In der Stadt, in der Otto Weidt lebte, kann man eine Gedenktafel finden. Der letzte Satz darauf heißt:
„Mehrere Menschen verdanken ihm das Überleben."

Lena: Ich finde, auf seiner Gedenktafel sollte stehen: „Er hat gesehen." Findest du nicht auch?

Chana: Ja, und was ich noch wichtiger finde: Er hat etwas getan!

Lena: Ich finde es wichtig, dass es solche Tafeln, Brunnen und Denkmäler gibt, damit man nicht vergisst, was geschehen ist.

>> Was könnte noch über Otto Weidt auf der Gedenktafel stehen?

Chana: Du hast recht. Und es gibt viele Möglichkeiten des Erinnerns. Eine Schulklasse hat zum Beispiel aller gedacht, deren Namen in den Löwenbrunnen eingraviert sind. Die Namen wurden nochmals auf Karten aufgeschrieben, die eigens gestaltet wurden.

>> Gibt es auch in eurer Stadt und Umgebung Gedenkstätten? Woran wird erinnert?

Chana und **Lena:** Wir möchten uns auch daran erinnern, dass wir zusammengehören. Wir Juden und Christen haben gemeinsame Wurzeln. Wir gehören zusammen als Menschen, unabhängig davon, welcher Religion wir angehören. Zur Menschheitsfamilie gehören alle, egal welche Religion sie haben.

Erinnern für die Zukunft

Marc Chagall, Die Weiße Kreuzigung, 1938

Aus der Synagoge schlagen Flammen. Auch Häuser brennen und stürzen um. Soldaten mit roten Fahnen greifen an. Klagend schweben die Ältesten Israels über der Szene. Die Juden müssen fliehen. Einige versuchen sich in einem Boot zu retten. In der Mitte aber groß der gekreuzigte Jesus auf einem breiten Lichtstrahl. Der Gebetsmantel um seine Hüften und der siebenarmige Kerzenleuchter erinnern: Er ist einer von ihnen. Er ist Jude. Er leidet wie sie.

Nach dem Krieg haben viele Menschen eingesehen, dass sie an der Verfolgung und Tötung der Juden eine Mitschuld tragen.

Die Kirche hat 1980 erklärt:

Die Christen in Deutschland sind mitverantwortlich und tragen Schuld an der Verfolgung und Vernichtung der Juden im Dritten Reich.

Juden und Christen sind miteinander verbunden.

In dem Alten Testament haben Juden und Christen eine gemeinsame Grundlage für ihr Glauben und Handeln.

Israel ist das Volk, mit dem Gott einen Bund geschlossen hat. Durch Jesus hat Gott auch die Christen in diesen Bund aufgenommen.

Juden und Christen sollen sich gegenseitig wahrnehmen und voneinander erfahren.

Nicht du trägst die Wurzel, sondern die Wurzel trägt dich.

Römer 11,18b

Mit diesem Vers aus dem Römerbrief kann man das Verhältnis der Juden und Christen beschreiben.
***Tipp:** Schlage in diesem Buch auf Seite 70–75 nach.*

Lena: Kaum zu glauben, dass in Deutschland jüdische Synagogen, Friedhöfe oder Schulen noch immer besonderen Schutz benötigen. Immer noch gibt es Menschen, die Juden hassen.

Orte für den Gottesdienst

Synagoge

Chana: Nachdem der Krieg endlich vorbei war, wohnten nur noch wenige Juden in Deutschland. Da die Synagogen zerstört waren, mussten sie ihre Gottesdienste in anderen Häusern abhalten. Inzwischen sind die Gemeinden wieder gewachsen und einige konnten auch neue Synagogen errichten. In Wuppertal hat die evangelische Gemeinde der jüdischen Gemeinde meiner Tante ein Grundstück geschenkt, damit dort eine neue Synagoge gebaut werden konnte.

Hier sind Juden und Christen Nachbarn.

>> Gibt es jüdische Gemeinden oder andere jüdische Einrichtungen in eurem Ort oder in eurer Stadt?

Lena: Wie sieht eine Synagoge eigentlich von innen aus?

Chana: Ähnlich wie bei Kirchen, können Synagogen sehr unterschiedlich aussehen. Doch einiges haben alle gemeinsam. An der Wand, die nach Jerusalem zeigt, steht der Aaron hakodesch.
In diesem Schrein werden die Torarollen aufbewahrt. Die Tora ist der erste und wichtigste Teil der Hebräischen Bibel.
Die Tora besteht aus den fünf Büchern Mose. Diese sind von Hand auf ein langes Pergament geschrieben, das auf zwei Holzrollen aufgewickelt ist.
Jede Woche wird im Gottesdienst ein Abschnitt aus der Tora gelesen. In einem Jahr wird so die ganze Tora einmal gelesen.

Vor dem Toraschrein ist die Menora zu sehen, ein siebenarmiger Leuchter. Sie erinnert an den Leuchter, der im ersten jüdischen Tempel in Jerusalem stand.

Die Lesung aus der Tora ist der Mittelpunkt des Sabbatgottesdienstes. Die Toraschriftrolle wird dazu feierlich zu einem Lesepult, der Bima, gebracht. Verschiedene Mitglieder der Gemeinde lesen jeweils einen Vers und sprechen Segenswünsche.

>> In diesem Buch kannst du noch mehr über das Judentum herausfinden.

Moschee

Murat: In Deutschland gibt es auch muslimische Gotteshäuser. Die Moschee, die ich mit meiner Familie besuche, ist erst vor kurzer Zeit gebaut worden. Viele Muslime haben dafür Geld gespendet und auch eine muslimische Organisation hat unsere Gemeinde dabei unterstützt.

Die Stadt Mekka in Saudi-Arabien ist die heilige Stadt der Muslime. An der Kaaba, einem würfelförmigen Gebäude mit einem großen schwarzen Stein im Hof der Moschee von Mekka, hat bereits Mohammed, der Prophet und Gründer des Islam, Gott verehrt.

Zum Freitagsgebet kommen viele Muslime in die Moschee. Am Eingang ziehen wir unsere Schuhe aus und waschen uns. Männer und Frauen sitzen in unterschiedlichen Bereichen der Moschee. Ich bete neben meinem Vater. Dabei wenden wir uns zum Mihrab. So nennen wir die Gebetsnische. Sie sieht aus wie ein Tor und zeigt in die Richtung, in der Mekka liegt.
Auf dem Boden der Moschee liegen Gebetsteppiche, auf denen wir beim Gebet stehen, knien und uns verbeugen. Die Wände sind bunt mit Mustern verziert. Neben dem Mihrab befindet sich die Minbar, eine Kanzel, von der aus die Freitagspredigt gehalten wird.
Wir hoffen, dass in unserer Moschee bald auch Koranunterricht stattfinden kann.

- >> Erzähle zu den Bildern. Murats Erklärungen helfen dir.
- >> In diesem Buch kannst du noch vieles mehr über den Islam herausfinden.

Kirche

Lena: Christliche Kirchen sehen sehr unterschiedlich aus. Aber dennoch haben sie auch immer einige Gemeinsamkeiten. Bei einem Besuch eurer Kirche findet ihr diese bestimmt.

In ihren Kirchen feiern die Christen am Altar das Abendmahl.

Das Becken für das Wasser der Taufe ist in einen schön gemeißelten Stein eingefügt, den Taufstein.

Von der Kanzel wird die Predigt gehalten.

Die Orgel erklingt zur Ehre Gottes.

Lena: Ich habe verschiedene Lieblingsplätze in meiner Kirche. Wenn zum Beispiel die Sonne durch das bunte Fenster fällt, sitze oder stehe ich gerne in dem bunten Licht. In der Adventszeit rücke ich möglichst nah an den Weihnachtsbaum, weil er so schön duftet. Manchmal darf ich auf die Empore an der Orgel. Von dort oben sieht der Kirchenraum wieder ganz anders aus.

>> An welchem Platz in deiner Kirche fühlst du dich besonders wohl?
Nimm dir Zeit das herauszufinden.

>> Was braucht man, um einen Gottesdienst feiern zu können?

Alle Menschen der Welt
bauen zusammen die eine Kirche.

Das Miteinander der Religionen

Es gab schon früher und gibt auch heute noch Orte auf der Welt, in denen verschiedene Gotteshäuser nicht so nah beieinander stehen können wie bei uns heute und Menschen nicht friedlich miteinander leben.

Doch immer wieder setzten und setzen sich Menschen für Frieden ein.

Martin Luther King lebte von 1929 bis 1968 in den USA. Zu dieser Zeit wurden dort Menschen mit schwarzer Hautfarbe diskriminiert. Sie hatten weniger Rechte als weiße Menschen. Martin Luther King setzte sich für die Gleichberechtigung ein und kämpfte mit friedlichen Mitteln dafür, dass alle Menschen – unabhängig von ihrer Hautfarbe – die gleichen Rechte haben sollten. Martin Luther King wurde von einem Weißen erschossen.

Martin Luther King:

**Wir haben ein großes Haus geerbt,
eine großes „Haus der Welt",
in dem wir zusammen leben,
alle Menschen auf der einen Erde,
Katholiken und Protestanten, Juden und Nichtjuden,
Muslime und Hindus, Schwarze und Weiße, Menschen aus
Ost und West, aus Süd und Nord –
eine große Familie, die getrennt ist
durch Hautfarbe, durch Herkunft,
Kultur und Religion
und die deshalb lernen muss,
in Frieden miteinander auszukommen.**

>> Gestaltet ein Bild zu diesem Text.

>> Sicher kennt ihr noch mehr Menschen, die sich für Frieden auf der Welt einsetzen. Recherchiert!

SCHALOM שלום

Das hebräische Wort „Shalom" übersetzen wir mit „Frieden". Gemeint ist der Frieden, den Gott gibt, und es schließt auch Wohlergehen, Gesundheit, Glück, Freiheit, Eintracht, Gerechtigkeit ... ein. Wenn sich Menschen mit „Shalom" begrüßen, wünschen sie sich, dass ihr Leben gelingt, und zugleich auch Frieden für alle Menschen in der Welt.

Pablo Picasso, Das Gesicht des Friedens, 1959

» Was könnten die Gesichter sagen?

» Wie könnten Hände des Friedens aussehen, was könnten sie tun?

Text-/Liedverzeichnis

14/15, 42,46, 86 — Lk 13, 18-21; Mk 2,1-12, Lk 2,1-20; Ps 23, 1-4, Übers. Martin Luther, Deutsche Bibelgesellschaft Stuttgart 1985.

15 — „Das Senfkorn, das Senfkorn ist klein": T./M.: Ernst Hansen, © Christophorus im Herder Verlag, Freiburg/Ernst Kaufmann Verlag, Lahr.

19 — ‚Wo Menschen sich vergessen' aus: „Da berühren sich Himmel und Erde": T.: Thomas Laubach, M.: Christoph Lehmann, © alle Rechte im tvd-Verlag, Düsseldorf.

43 — „Wenn das Brot, das wir teilen", T.: Claus-Peter März, M.: Kurt Grahl. © Rechte beim Urheber.

58 — „Gott ist wie Licht in der Nacht", M.: aus Israel, T.: Pfarrer Hans-Hermann Bittger, M.: Kanon für zwei Stimmen Joseph Jacobsen 1935 © Textrechte: Bistum Essen, © Melodierechte: Rechtsnachfolger des Urhebers.

59 — „Seht, die gute Zeit ist wahr", M.: aus Mähren, T.: Friedrich Walz, © Erlanger Verlag für Mission und Ökumene, Erlangen.

85 — „Der Herr, der Herr, Er segne dich", aus: Vier Kinderlieder, erschienen 2008 bei Windharfe, Köln./ www.windharfe.com

89 — Rainer Oberthür, Neles Buch der großen Fragen, Kösel-Verlag, in der Verlagsgruppe Random House, München 6. Auflage 2008.

91 — „Du hast uns deine Welt geschenkt"; T.: Rolf Krenzer, M.: Detlev Jöcker. © Menschenkinder Verlag, Münster.

93 — „Wo zwei oder drei": T.: Mt 18,20. M.: Kommunität Gnadenthal.

102 — „Gott gab uns Atem": T.: Eckart Bücken, © Strube Verlag GmbH, München-Berlin. M.: Fritz Baltruweit, © alle Rechte im tvd-Verlag, Düsseldorf.

103 — „Jeder Teil dieser Erde": T.: Arrow Smith (William Arrowsmith), M.: Stefan Vesper, alle Rechte im tvd-Verlag, Düsseldorf.

119 — Quelle unbekannt.

126/127 — Nach Wolfgang Poeplau, Rote Karte für Ben, Neues Vorlesebuch Religion 1, hg. v. Dietrich Steinwede, Lahr 1996.

130 — „Der Mann auf der Bank", aus: Dietrich Steinwede/ Renate Schupp (Hg.), Abel steh auf, Kaufmann/Klett Verlag, Lahr/Stuttgart 2002.

Abbildungsverzeichnis

Nicht eigens ausgewiesene Schulfotografie: Claudia Siegmund, Leichlingen.

Umschlagabbildung: dpa, Frankfurt

4/5, 23 (u.) Illustration: Hildegard Müller.

7 — © Quelle unbekannt.

11/13 — © Dr. Richard Cleave/Rohr Productions Ltd., Nicosia/Zypern.

14 — Fußbodenmosaik aus dem Thronraum des Omayyaden-Schlosses in Khirbat a Mafjar, Foto: Scala Florenz.

15 — © Brooklyn Museum/Corbis/Edward Hicks, Paradies.

16 — Thomas ZachariasWalter Habdank, Blindenheilung. © VG Bild-Kunst, Bonn 2008.

18, 22 (r.), 23 (o.), 24 (l. o/r. o.), 52 (l. o.), 106 (o., M.) 128 (r. u.) © Peter Wirtz, Dormagen.

19 — Aus: W. Engel/E. Henkel u.a., suchen und glauben. Religionsunterricht Sek. I, Schülermappe, © Bernward Verlag, Hildesheim 1980.

20 — Schnorr von Carolsfeld, Jesus und die Ehebrecherin.

21 — Max Beckmann, Christus und die Sünderin, 1917. © VG Bild-Kunst, Bonn 2008.

22 (l.) © dpa.

23 (M.) © Will Mc. Bride.

24 (l. u.) Patrick Baz, © AFP, Berlin
(r. u.) © ZDF.

26 — Georges Rouault, Christus (Passion), 1937. © VG Bild-Kunst, Bonn 2008.

27 (o. l.) Christus der Weltenherrscher, Ikone, Katharinenkloster, Sinai, 5. Jh. (?)
(o. r.) Arthur Thomas, Die Verklärung Christi © beim Künstler.
(u. l.) Der Gekreuzigte, Neumünsterkirche Würzburg, 14. Jh.
(u. r.) Salvador Dalí, Jesus bei der Rede auf dem Berg, 1964. © Salvador Dalí Fundació Gala-Salvador Dalí/VG Bild-Kunst, Bonn 2008.

38 — Thomas Zacharias, Paulus, 1967. © VG Bild-Kunst, Bonn 2008.

41 — Edvard Munch, Der Schrei, 1893. © The Munch Museum/The Munch Ellingsen Group/VG Bild-Kunst, Bonn 2008.

43 — © Vie de Jèsus Mafa 24, Rue Maréchal-Joffré, F-Versailles.

45 — Quelle unbekannt.

52 (r. o./ r. u.) © KNA-Bild, Frankfurt.
(l. u.) © epd-Bild/Neetz, Frankfurt.

54 Walter Habdank, Der Prophet Natan vor David, 1960, © VG Bild-Kunst, Bonn 2008.

56 (r.) Quelle unbekannt.

56/57 (M. u.) © David Turnley.

57 (o.) © UNICEF.
(M.) © imago/Ruttimann.
(r.) © Atlantide Phototravel/Corbis.

59 © Sieger Köder, Propheten - Gottes Rufer.

60/61 Hermann Dornhege.

60 Marcello Bertinetti/Archiv White Star.

61 (o.) Marcello Bertinetti/Archiv White Star.
(u.) Sebastian Bolesch/Christoph & Friends & Das Fotoarchiv, Essen.

62 Azariah Mbata, Die Bergpredigt, 1962, aus : A. M., Im Herzen des Tigers, Peter Hammer Verlag, Wuppertal 1986.

68 V. l. n. r. 1. 1. Reihe: Karl Gähwyler, Luzern; Hartmut Vogler; Willy Walker 2 x.
2. Reihe: dpa; Karl Gähwyler, Luzern; Hartmut Vogler; Herzog/present, Essen.
3. Reihe : Peter Wirtz, Dormagen; Quelle unbekannt; Peter Wirtz, Dormagen; epd-bild, Frankfurt.

69 © epd-Bild.

70 Ernst Alt, Samen Abrahams, 1976. © beim Künstler.

71 Hagar und Ismael mit dem Engel Gottes, Illustration aus der Weltchronik des Rudolf von Ems, 1. Hälfte des 13. Jahrhunderts.

72 Gustave Doré, Vertreibung Hagars und Ismaels, 1866.

73 Gustave Doré, Hagar und Ismael in der Wüste, 1866.

76 Sklaventreiber bei der Herstellung von Ziegelsteinen aus Ton, Ägypten, 14. Jahrhundert v. Chr.

77 Ägyptische Frauen, um 1400 v. Chr.

79 Marc Chagall, Mose vor dem brennenden Dornbusch, 1966. © VG Bild-Kunst, Bonn 2008.

81 © Rainer Lemaire.

82 Marc Chagall, Durchzug durch das Rote Meer, 1966. © VG Bild-Kunst, Bonn 2008.

83 Marc Chagall, Tanz der Mirjam, 1960. © VG Bild-Kunst, Bonn 2008.

85 Marc Chagall, Salbung zum König, 1931-39. © VG Bild-Kunst, Bonn 2008.

86 Franz Marc, Schafe, 1912.

87 Marc Chagall, König David. © VG Bild-Kunst, Bonn 2008.

88 Thomas Zacharias, Schöpfung. © VG Bild-Kunst, Bonn 2008.

90 Marc Chagall, Das Paradies, 1960. © VG Bild-Kunst, Bonn 2008.

92/93 Illustrationen im Genesis-Kommentar zur Historia Scholastica von Petrus Comestor, frühes 15. Jh., Vatikanische Bibliothek.

94 (r. o.) © KNA-Bild, Frankfurt.
(r. M.) © Ali Kazuyoshi Nomachi.
(r. u.) © Nordlicht Bildarchiv.

96 (o./u.) Laziz Hamani, aus: Marc-Alain Onakim/ Symbole du Judaisme, © 1995 Editions Assouline, Paris.

97 (o.) © Evangelische Zentralbildkammer, Bielefeld.
(M.) © KNA-Bild, Frankfurt.
(u.) Laziz Hamani, aus: Marc-Alain Onakim/ Symbole du Judaisme, © 1995 Editions Assouline, Paris.

98 Marc Chagall, Gott erschafft den Menschen. © VG Bild-Kunst, Bonn 2008.

100/101 Juliana Heidenreich, aus: Diana Klöpper/Kerstin Schiffner, Gütersloher Erzählbibel. © by Gütersloher Verlagshaus, Gütersloh, in der Verlagsgruppe Random House GmbH, München.

103 (l. o.) Jochen Tack/Christoph & Friends, © Das Fotoarchiv, Essen.
(r. o.) Henning Christoph/Christoph & Friends, © Das Fotoarchiv, Essen.
(l. u.) © dpa, Frankfurt.
(r. u.) Dirk Eisermann/Christoph & Friends, © Das Fotoarchiv, Essen

105 Marc Chagall, Noah entsendet die Taube, 1931. © VG Bild-Kunst, Bonn 2008.

106 (u.) © WireImageStock/Masterfile, www.masterfile.com.

107 (o.) © Adrian Weinbrecht/stone/gettyimages.
© Mauritius/imagebroker.
(r.) © Mauritius images/Spirit.

109 Edvard Munch, Die tote Mutter, um 1900. © The Munch Museum/The Munch Ellingsen Group/VG Bild-Kunst, Bonn 2008.

111 © Jessica Wilhelmi.

113 Alfred Manessier, Dornenkrone. 1952. © VG Bild-Kunst, Bonn 2008.

115 © Sieger Köder, Pfingsten, © beim Künstler.

116 Dia-Dienst.

117 (o.) © epd-bild/Bertold Fernkorn.
(u.) Taufe, Nigeria, © Friedrich Reinhardt Verlag, Basel/Theologischer Verlag, Zürich.

118/119 Ernst Alt, Jude mit Thora, 1975, © beim Künstler.

120 Die Opferung Isaaks, Türkei, 1583.

122 Walter Habdank, Jona im Fischleib, 1972. © VG Bild-Kunst, Bonn 2008.

123 Walter Habdank, Jona, 1975. © VG Bild-Kunst, Bonn 2008.

124 Illustration: © Peter Schimmel.

128 (l.o.) © Mauritius image/Radius Images.

(r.o.) © Mauritius images/Stock Image.

129 Marc Chagall, Bund am Sinai. © VG Bild-Kunst, Bonn 2008.

132 (o.) © David Katzenstein/Corbis.
(M.) © ullstein-bild.
(u.) © picture-alliance.

133 (o.) © Corbis.
(M. l.) © ullstein-bild.
(u.) Quelle unbekannt.

134 © Dritte-Welt-Laden, Duisburg.

135 (l.) © terre de homes.
(r.) © mauritius images/H. Schmied.

136 © Jessica Wilhelmi.

137 Felix Nussbaum, Jaqui auf der Straße, 1944. © VG Bild-Kunst, Bonn 2008.

138 Gedenkstätte Deutscher Widerstand, Berlin, Sammlung Inge Deutschkron.

139 (o.) Jessica Wilhelmi.
(u.) dpa, Frankfurt.

140 Marc Chagall, Die weiße Kreuzigung, 1938. © VG Bild-Kunst, Bonn 2008.

142/143 Rainer Stuhlmann.

144 Abdelaziz Frikha.

145 (o.) © 2007 Associated Press.
(u.) © epd-Bild, Frankfurt.

146 (l.) © imago/Steffen Schellhorn.
(r.) Dietrich Steinwede.

147 v. l. n. r.: Altenberger Dom, KNA.
Kirchentag, KNA.
Kapelle in Arequipa, Peru.: Foto: Christa Zinn/EMU.
Kirchenbau in Afrika, Foto: Hermannsburger Missionsblatt.
Kinderzeichnung.

148 © UPI/Bettmann, Newsphoto.

149 Pablo Picasso, Das Gesicht des Friedens, 1959. © Succession Picasso/VG Bild-Kunst, Bonn 2008.

Sachzeichnungen: Dieter Gelsheimer, Rödermark

Auflage 12 11 10 09 08 / 5 4 3 2 1

Layout: Thomas Brink, Emmerich am Rhein
Printed in Germany
ISBN 978-3-491-73433-3
www.patmos.de